KB211947

왕초보

석지현 · 윤창화 · 일지 지음

불교박사 되다

민족사

왕초보 불교박사 되다

머리말

  절에서 쓰고 있는 말은 세속에서는 거의 쓰지 않는 말
이 많습니다. 때문에 아주 열심히 불교공부를 한 불자가
아니라면 무슨 말인지 알기가 어렵고 또 설사 안다고 해도
어렴풋이 알고 있을 뿐 그 뜻을 정확히 알고 있는 경우가
드뭅니다.

  이 책에서는 불교 신문과 방송 또는 절에서 쓰고 있는
일상적인 말들이나 궁금하게 여기는 문제들을 중심으로
엮었습니다. 보면 누구나 다 알 것 같은데 막상은 잘 모르
는 주제들입니다. 예컨대 "스님은 왜 세속을 떠나 스님이
되었습니까?" "전생과 내생은 정말 있습니까?" "종정스님
은 무엇을 하시는 분입니까?" "극락과 지옥은 정말 있습
니까?" "49재는 왜 지냅니까" 등등 총 150여 가지입니다.

  불교용어나 절에서 쓰고 있는 말은 주로 한문으로 되어

있고 또 오랜 역사와 문화 속에서 변천된 말들이기 때문에 딱 한 가지 뜻만 가지고 있는 것이 아니라 대체로 두 가지 이상의 뜻을 가지고 있습니다. 여러 가지 의미를 갖고 있는 말을 듣다 보면 어느 것이 원래의 뜻인지 혼동이 됩니다. 따라서 가능한 한 현재 쓰고 있는 뜻이나 의미, 또는 그와 관련된 이런 저런 이야기를 먼저 설명한 뒤, 원래의 뜻은 간략히 설명했습니다. 또 한 주제에 대하여 초보적인 설명에서 그치고자 하였고, 깊이 있는 설명은 생략했습니다. 다만 스님 · 절 · 부처님 등 순수 우리말의 어원에 대해서만 이런 저런 설을 모두 소개했습니다.

이 책은 불교를 조금도 모르는 초보자를 위한 불교 안내 책이기 때문에 되도록이면 우리가 사용하고 있는 쉬운 말투로 쓰고자 했으며, 또 일상적인 이야기로부터 시작했

습니다. 그것이 초보 불자들에겐 보다 쉽고 친근하게 느껴
질 것입니다. 안 그래도 어려운 불교용어, 불교 책을 딱딱
한 개론서나 사전처럼 쓴다면 초보자들은 무슨 말인지 알
기도 어려울뿐더러 읽기도 힘들기 때문입니다.

　이 책은 석지현·윤창화·일지, 이렇게 세 사람이 각
항목을 나누어 공동으로 집필했습니다. 각 항목의 맨 끝에
필자의 이름을 밝혔으므로 읽다가 궁금한 것이 있으면 직
접 전화하시기 바랍니다. 그리고 이 책을 쓰는 과정에서
해인사 율주이신 종진스님께서 많은 자문을 해 주셨습니
다. 감사의 말씀을 드리고자 합니다.

　　　　　　　　　　2001년 11월 10일　글쓴이들

머리말 _ 5

그 밖에 꼭 알아야 할 간단한 **불교용어**

가사와 장삼은 언제 입는 법복입니까

　가사(袈裟)와 장삼(長杉)은 조석 예불과 불공 때, 그리고 사찰의 각종 법회 때 입는 스님들의 법복입니다. 가사는 적갈색을 의미하는 범어 카사야(Kaṣāya)의 소릿말이며 괴색(壞色), 적색(赤色), 염색(染色)이라는 뜻입니다.

　스님들은 아침 저녁의 예불과 법회에 참석할 때 반드시 회색 장삼을 입고 그 위에 다시 적갈색 가사를 '수(垂)' 합니다. 가사는 거룩한 부처님의 법복이기 때문에 '입는다' 라고 하지 않고 "가사를 수한다"라고 합니다. (이때 '수'는 '드리운다' 즉 '아래로늘어뜨리다'는 뜻을 가진 한자 '수(垂)'를 쓰지 않나 생각됩니다.)

　가사에는 양 어깨에 모두 수하는 통견형(通肩形)과 오른쪽 어깨는 드러내고 왼쪽 어깨에 걸쳐서 왼쪽 팔에 가사자락을 정돈하는 편단우견형(偏袒右肩形) 가사가 있습니다. 한국 중국 등의 북방불교에서는 주로 편단우견형 가사를 사용하지만, 태국 미얀마 등 남방불교에서는 편단우견형과 통견형을 함께 사용합니다.

가사는 부처님 이래 끊이지 않고 대대로 전승되어 온 성스러운 법복입니다. 때문에 스님들은 스승의 법을 계승하는 것을 의발(衣鉢, 가사와 발우)을 전수받았다고 하는 것입니다. 즉 가사와 발우를 전해받는 것이 스승의 후계자가 되었다는 것을 의미하는 것입니다.

가사에는 수하는 용도에 따라 법문이나 포살 예불시에 수하는 정식 가사인 승가리(僧伽梨; Saṃghāṭi, 대가사)와, 강론과 대중 모임 때 수하는 울다라승(鬱多羅僧; uttarāsaṅga, 우리나라의 반가사인 셈), 일상생활 때 수하는 안타회(安陀會; antarvāsa, 오조가사)가 있습니다.

현재 우리나라 스님들이 사용하고 있는 가사에는 대가사, 반가사, 오조가사가 있습니다. 즉 대가사는 조석의 예불이나 포살, 정중한 예의와 위의를 갖출 때 수하고, 반가사는 법문이나 회의 불공 때 수하고, 오조가사는 여행이나 일반행사 때 수하는 약식가사로 사용합니다.

현재 조계종 스님들의 가사색깔은 율장(律藏)의 괴색법에 따라 적갈색이 주조를 이루고 있습니다.

장삼은 승복 위에 입는 넓고 큰 소맷자락이 달려 있는 방포형(方袍形)의 법의입니다. 우리나라 스님들은 이 장삼 위에 가사를 수합니다. 장삼은 원래 한국 중국 등지의 스님들이 추위를 막기 위해 입던 것입니다.

우리나라 불교에서 장삼의 유래는 매우 오래 되어서 쌍영총과 무용총 같은 고구려 고분에서도 흑색의 장삼을 입고 홍색과 청색으로 채색된 대가사를 수한 스님이 주장자를 쥐고 있는 모습이 그려져 있습니다. **|일지|**

결제 · 해제 · 동안거 · 하안거에 대하여 알고 싶습니다

음력 4월 15일부터 7월 15일까지를 '하안거(夏安居)'라고 하고, 10월 15일부터 이듬해 1월 15일까지를 '동안거(冬安居)'라고 합니다. 또 이 기간을 통칭하여 결제(結制: 통제) 기간이라고 하고 그 사이(즉 음력 7월 15일부터 10월 15일, 1월 15일부터 4월 15일까지)를 해제(解制: 통제를 풀다) 기간이라고 합니다.

이 기간에는 스님들은 누구를 막론하고 한 곳에 머물면서 수행 정진하는 기간으로서 부득이한 일, 또는 주지 등 직책을 맡은 스님을 제외하고는 사찰 밖을 나갈 수 없게 되어 있습니다.

이러한 제도는 부처님 생존시에 만들어진 것으로 결제(안거) 기간은 반드시 한 곳에 머물면서 자신의 공부에 전념하고 해제 기간에 개인적인 일을 보거나 또는 만행(萬行: 여행을 통하여 여러 가지를 보고 느끼고 배우고 깨닫는 것)을 통하여 한층 더 자신을 갈고 닦는 것입니다.

그러던 것이 점차 제도화되면서 하안거 기간을 정하게 되었는데 그 이유는 인도의 기후와 큰 관련이 있습니다.

인도는 여름이 되면 우기가 시작됩니다. 이 때는 습하고 전염병이 돌아 수행하기가 어려울뿐더러 땅 속의 벌레들이 나와서 활동하기 때문에 자연히 살생을 하게 됩니다. 일정한 곳에 있지 않고는 힘든 기간입니다. 그래서 우기의 3개월간은 한 곳에 편안히 머물면서 수행에 힘쓰게 한 것입니다. 안거(安居)라는 말도 이러한 뜻입니다.

따라서 인도에서 안거는 1년에 하안거 한 차례 뿐이었는데 불교가 중국, 한국으로 건너오면서 기후관계상 하안거 외에 동안거를 두게 되었습니다.

안거는 스님들의 위계를 정하는 법랍으로도 삼습니다. 간혹 스님들의 약력에 '16안거 성만'이라는 표현이 있는데 이는 16회의 하안거, 즉 16년 동안 공부하였다는 것을 뜻합니다.

우리나라에선 안거가 시작되면 신도들은 스님들께 공양

을 올리고자 각지에서 찾아옵니다. 수행자 역시 마음이 좀 부풀어 오릅니다.

'이번 결제 기간엔 용맹정진을 하여 꼭 깨달아야지.' 설레는 마음을 가지고 석 달 동안 공부를 합니다. 선원에서는 참선을 하고 강원에서는 경전을 읽고……. 석 달이 지나 해제가 되면 이 때도 역시 마음이 설렙니다. 이곳 저곳을 다니면서 만행도 하고 그 사이에서 오는 여수도 느끼고……. 이리하여 가능한 한 곳에 석 달 이상은 머물지 않습니다. 한 곳에 오래 있으면 정이 들고 정은 애착을 낳고 애착은 수행자를 번민으로 몰고 갑니다. 조금은 감상적이고 문학적인 것 같지만 1970년대까지만 해도 엄격했고 지금도 선원 강원 율원에선 여전합니다.

또 결제날과 해제날에는 방장이나 조실스님의 법문이 있습니다. 법상에 올라가 '콩' 하고 주장자를 한 번 치면 그 소리를 듣는 순간 그만 깨닫는 사람도 있다고 합니다. 또 해제일에는 자자(自恣)라는 독특한 참회의식도 갖습니다. 안거기간에 자신이 행한 여러 가지 잘못을 대중에게 고백하고 반성하는 겁니다. 이러한 참회의식을 통하여 잘못을 고치고 또 선지식(훌륭한 스승)으로부터 지도를 받는 것입니다. ┃윤창화┃

경전은 모두 몇 종류나 됩니까

신수대장경(新修大藏經)에 보면 경전의 종류가 2,920종이 실려 있습니다. 이 많은 경전을 도대체 어떻게 다 볼 수 있을까 하고 걱정이 될 것입니다. 그러나 안심하십시오. 이 가운데 기본이 되는 중요한 경전만 보면 나머지 경전은 그 내용 면에서 별로 큰 차이가 없습니다. 따라서 전문으로 연구하는 사람이 아니면 꼭 보지 않아도 됩니다.

불자들이 기본적으로 알아야 할 경전에 대해서는 뒤에 곧 설명하겠습니다('불자가 기본적으로 알아야 할 경전에는 어떤 것이 있습니까'를 읽어보세요). 이 많은 경전들은 그 형식상 다음의 세 가지로 묶을 수 있습니다.

첫째, 경(經)은 부처님 말씀이 기록된 경전들을 말합니다.

둘째, 율(律)은 주로 불자들이 지켜야 할 윤리적인 실천 덕목, 즉 계율을 기록한 문헌을 말합니다.

셋째, 논(論)은 위의 경(經)과 율(律)에 대한 해설과 이론 서를 말합니다. **|석지현|**

경전은 언제 어떻게 만들어졌습니까

부처님께서 입멸하시자 일부의 수행승들은 부처님의 간섭으로부터 해방된 것을 되려 기뻐했습니다. 그들은 이렇게 말했습니다.

"이제 우리는 자유롭다. 더 이상 간섭받을 필요가 없다."

이 소리를 들은 마하가섭은 놀라서 부처님 장례를 치른 후 왕사성(지금의 라즈기르) 외곽, 입구에 칠엽수 나무가 우거진 굴(칠엽굴, 七葉窟) 속에서 수도승단의 대표들을 소집하여 경전편찬회의를 열었습니다. 이때 500명의 수행승들이 모여 부처님의 말씀을 원형대로 보존하고 계승 발전시키기 위하여 암송 형식으로 경전을 편찬했습니다.

암송 형식이란 일생 동안 부처님의 비서였던 아난다(아난)존자가 먼저 부처님으로부터 들었던 말씀을 선창하면

500명의 대표들이 제각기 이 말이 사실인지 아닌지를 확인한 후 수정 보완을 거쳐 일제히 합창식으로 낭송하는 것입니다. 이렇게 확인된 말씀들이 수행승단 전체의 이름으로 공표되었던 것입니다.

부처님이 돌아가신 후 100년경(B.C 3세기)쯤 비야리성(지금의 바이샬리)에서 두번째 경전편찬회의를 열었습니다. 이때는 700명의 수도승들이 참여했습니다.

부처님이 돌아가신 후 200년경(B.C 2세기)쯤 당시 인도의 왕이었던 아쇼카에 의해 파탈리뿌뜨라(지금의 파트나)에서 세번째 경전편찬회의가 열렸습니다. 이 세번째 회의에서는 종려나무 잎(패엽, 貝葉)에 싱할리 문자(스리랑카 문자)로 기록했습니다. 왜냐하면 팔리어는 글자가 없는 인도 북부의 서민층 방언이었기 때문입니다. 이렇게 최초로 문자로 기록된 경전을 '패엽경(貝葉經)'이라고 부르는데 그것은 "종려나무 잎에 기록된 부처님말씀"이란 뜻입니다. 이때 이 회의에 참석한 인원은 1,000명이었으며 9개월간에 걸쳐 경전편찬작업이 이루어졌습니다.

B.C 1세기 중반이 되자 스리랑카에서 네번째로 대대적인 경전편찬회의가 열렸습니다. **| 석지현 |**

경전은 왜 모두 한문으로 되어 있습니까

지금 우리나라에서 원전으로 사용하고 있는 경전들은 모두 팔리어나 산스크리트어로 된 경전들을 중국에서 한문으로 번역한 경전들입니다.

우리나라는 지리적으로 중국과 인접해 있기 때문에 중국 문화의 영향을 많이 받았습니다. 불교 역시 중국을 통해서 들어왔기 때문에 한자로 번역된 중국의 경전들을 사용하게 된 것입니다.

불교경전의 원본이라고 할 수 있는 팔리어와 산스크리트 (범어) 경전 가운데 팔리어 경전은 거의 다 남아 있습니다. 그러나 산스크리트 경전은 《법화경》·《유마경》 등 극히 일부만 남아 있고 모두 없어졌습니다. 그래서 하는 수 없이 한자로 번역된 경전을 원전으로 여기지 않으면 안 되었던 것입니다.

앞에서도 설명했지만 특히 우리나라는 한자권으로서 중국문화의 영향을 절대적으로 받았습니다. 그래서 모든 경전이 한문으로 되어 있는 것입니다. 그러나 요즈음에는 한글로 번역된 경전들이 많이 출간되고 있습니다. 어려운 한문보다는 먼저 한글 경전을 읽은 다음 더 연구하고 싶으면 한문 경전을 읽어도 됩니다. |석지현|

경전은 어떻게 읽고 독송해야 합니까

경전을 읽기 전에 먼저 손을 깨끗이 씻고 옷매무새를 단정히 한 다음 향을 피우십시오. 그리고 나서 잠시 눈을 감고 앉아서 마음을 가다듬은 다음 합장을 하고 경건한 마음으로 경전을 여십시오.

한글로 된 우리말 경전인 경우에는 굳이 소리를 내어 읽지 않아도 되므로 눈으로 읽으면서 뜻을 새기십시오. 이해가 잘 되지 않는 곳은 표시를 해 놓았다가 경전을 출간한 곳, 또는 번역한 역자에게 의문점을 물어보십시오. 이것이 번거롭다면 자신이 다니는 절의 주지스님이나 교무스님, 또는 친분이 있는 스님께 물어보시기 바랍니다. 이런 식으로 알려고 애를 써서 이해하는 것이야말로 확실히 자기 것이 됩니다. 너무 쉽게 아는 것은 또 너무 쉽게 잊어버리게 됩니다.

그리고 한문으로 된 경전을 독송할 경우, 나직나직한 목소리로 간절하게 읽어 가십시오. 그러다 보면 뜻을 분명히 알 수는 없어도 잔잔한 법열감이 가슴을 적셔올 것입니다. 자신이 읽는 소리를 듣고 말입니다.

이처럼 경전의 독송은 뜻을 몰라도 경을 읽는 그 자체만으로도 무한한 공덕이 있습니다. 업장(죄업)이 소멸되고 얼굴빛이 밝아지게 됩니다. 그리고 주변 사람들이 호감을 갖게 됩니다. 이 밖에도 많은 행운이 덤으로 뒤따라오게 됩니다. 왜냐하면 경전을 독송하는 간절한 마음은 곧 시방에 상주하는 불보살님들의 염원과 자비심에 연결되기 때문입니다.

| 석지현 |

불자가 기본적으로 알아야 할 경전에는 어떤 것이 있습니까

불자가 기본적으로 알아야 할 경전에는 대략 다음의 열 가지 정도가 있습니다.

이 외에도 중요한 경전들은 많지만 그 뜻이 너무 심오하고 넓기 때문에 권장할 수가 없습니다. 그러나 기뻐하십시오. 불법을 만난 것을 정말 기뻐하십시오. 이 불법의 바다(대장경)에는 정말 없는 것이 없습니다. 음식으로 말하면 온갖 종류의 음식이 다 있기 때문에 식성에 따라 마음대로 골라 먹을 수 있습니다. 필자도 이 고마움을 아는 데 40년이 걸렸습니다.

더없이 깊고 넓고 미묘하신 가르침

기나긴 세월 흘러가도 만나기 어렵네

제가 지금 듣고 보고 마음깊이 지니오니

부처님의 참뜻을 깨닫게 해 주소서

《천수경》의 개경게(開經偈)

1) 관음경

이 경전은 관음신앙의 근본 경전인데 원래는 《법화경》의 제25장(관세음보살보문품)에 해당합니다. 그러나 그 내용면에서나 체제면에서 《법화경》과는 전혀 연관이 없는 독자적인 형태이므로 이를 따로 독립시켜 《관음경》이라 했습니다.

이 경전은 우리나라 중국 일본 등지에서 예부터 널리 사용되어 왔습니다. 그만큼 이 경전 속에는 가슴에 와 닿는 구절이 많습니다. 《제일로 아파하는 마음에》(일지사)라는 필자의 '관음경강의'가 있습니다. 약간의 길잡이가 될 것입니다.

2) 금강경

《반야심경》과 함께 반야부 계통의 경전 가운데 가장 널리 알려진 경전으로서 '나'에 대한 집착과 '진리'에 대한 집착심을 버리라고 강조하고 있습니다. 중국 선종에서 육조혜능 이후 근본경전으로 사용했으며 우리나라의 조계종에서도 이 경전을 근본경전으로 택하고 있습니다. 또 우리나라 불자들 이 가장 많이 독송하고 있는 경전입니다.

3) 묘법연화경(법화경)

전 7권 28장으로 구성된 이 경전은 5세기초 구마라집에 의해서 한역되었습니다.《법화경》의 주요 내용은 다음의 두 가지입니다. 첫째, 사람은 누구나 부처님이 될 수 있다는 가 르침. 둘째, 부처님은 영원 불멸한 존재라는 가르침.

이 경전은 불경 가운데 가장 심오한 경전이므로 진흙 속에 피어난 연꽃에 비유하고 있습니다. 그래서 경의 이름을 '연 꽃같이 미묘한 가르침(妙法蓮華)을 말한 경전(經)'이라고 했 습니다. 그리고 이 경전은 문학성이 짙은데 다음의 일곱 가 지 비유는 특히 유명합니다.

첫째, 불타는 집 이야기(火宅喩). 둘째, 돌아온 아들의 이 야기(窮子喩, 이 이야기는 신약성서의 '탕아의 비유' 원형이라 고 합니다). 셋째, 약초이야기(藥草喩). 넷째, 환상의 성 이야 기(化城喩). 다섯째, 옷 속에 숨겨둔 보배구슬 이야기(衣珠

喩). 여섯째, 여의주 이야기(髻珠喩). 일곱째, 의사 이야기(醫子喩).

4) 반야심경

《천수경》과 더불어 불교행사 때 가장 많이 독송되는 경전입니다. 원래는 《금강경》과 함께 《반야경》 600권 속에 들어 있던 한 부분이었는데 따로 독립되어 단독 경전이 된 것입니다.

내용은 심오한 불법의 이치를 말하고 있기 때문에 이해가 쉽지는 않습니다. 그러나 '보이는 이 현상(色)과 보이지 않는 본질空은 결국 하나다' 라는 일원론(一元論)적인 입장이 이 경전의 핵심입니다.

뜻이 어렵거든 그저 무조건 독송만 해도 무한한 공덕이 되므로 예부터 불자라면 누구나 이 《반야심경》 정도는 외우는 것이 기본으로 돼 있습니다.

5) 법구경

이 경전은 원래 《아함경》 속의 한 경전이었는데 그 내용이 워낙 좋고 시적(詩的)이어서 독립적으로 《법구경》이라 불리게 된 것입니다. 전체가 시구로 돼 있는 이 경전에는 부처님 말씀이 그대로 살아서 우리 가슴에 울려 오고 있습니다. 그래서 예부터 세계 각 나라말로 번역됐으며 가장 널리 읽히고 있는 불교경전이 된 것입니다.

불자라면 적어도 《반야심경》 정도는 외워야 하고 이 《법구경》 정도는 읽어봐야 합니다. 민족사의 경전시리즈 속에 필자가 옮긴 《법구경》이 들어 있습니다.

6) 아미타경

이 경전은 극락세계에 가서 태어날 수 있는 아홉 단계의 자격과 극락세계의 주인이신 아미타불의 능력을 기술하고 있습니다. 그리고 아미타불의 마흔여덟 가지 약속(四十八大願)에 대한 설명이 자세하게 기술되어 있습니다. 특히 극락세계에 대한 신비로운 묘사는 환상문학의 절정이라고 할 수 있습니다.

영가(돌아가신 분)를 천도할 때는 언제나 《금강경》과 함께 이 경전을 독송하는데, 《무량수경》 《관무량수경》과 함께 정토삼부경으로 알려져 있습니다. 우리나라와 중국에서 이 경전에 대한 해설서가 270여 가지나 됩니다.

7) 아함경

크고 작은 여러 개의 경전들로 구성된 이 《아함경》은 매우 교훈적인 경전으로서 부처님 말씀이 원형 그대로 기록되어 있습니다. 그래서 예부터 '근본경전'이라고 칭하기도 합니다. 원전은 모두 팔리어로 되어 있으며 스리랑카·버마(버마의 민족주의자들은 절대로 '미얀마'라는 군대식 이름을 쓰지 않음) 등지에서 잘 보존해 오고 있습니다. 영국에서 출간된 영역본이 있으며 민족사의 경전시리즈 속에도 간추린 번역본이 들어 있습니다.

8) 지장경

지장보살신앙을 적극 권장하고 있는 이 경전은 독송하는 그 자체만으로도 업장(죄업)이 소멸된다고 합니다. 돌아가신 부모나 선조들의 왕생극락을 기원할 때 주로 독송되는 경전입니다. 원래 이름은 《지장보살본원경》입니다.

9) 천수경

이 경전은 《반야심경》과 함께 불교의식 때 독송용으로 가장 많이 사용되고 있습니다. 내용은 주로 관세음보살을 열심히 믿으면 고통에서 벗어나 편안하게 된다는 이고득락(離苦得樂)을 말하고 있으며 '신묘장구대다라니' 등의 진언이 들어 있어 주술적인 성격도 띠고 있습니다. 아마 일련의 주문들을 각 경전에서 뽑아 지금과 같은 한 권의 독송용 경전으로 재편집된 것 같습니다.

그리고 이 《천수경》은 우리나라에만 있는 경전으로서 1800년대 초에 만들어졌습니다. 주로 염불용으로 사용되고 있는 이 경전은 아침의 도량석과 불공을 올릴 적에 맨 처음 독송되고 있습니다.

10) 화엄경

이 경전은 불경 가운데 단일 경전으로서는 가장 방대하고 (전80권) 심오합니다. 그래서 예부터 '화엄의 바다'라고 했습니다. 그 뜻이 바다와 같이 깊고 넓다는 뜻입니다. 부처님의 경지를 종횡무진한 필체로 기록하고 있는 이 경전은 단연 대승경전의 황제라고 할 수 있습니다.

다시 말하자면 이 경전은 깨달음이라는 광대무변한 수면 (水面)에 나타난 삼라만상의 갖가지 모습을 기록하고 있습니다. 특히 제60권에서 제80권에 해당되는 '진리의 세계로 들어가는 장(入法界品)'은 이 경전의 절정입니다.

　어린 소년 선재는 남쪽으로 남쪽으로 구도의 여행을 떠나는데 이 구도의 여행에서 그는 53명의 스승들을 차례로 만납니다. 그런데 이 53명의 스승 가운데는 의사·뱃사공·장사꾼 등 삶의 현장에서 흔히 볼 수 있는 갖가지의 인간 유형들이 총 망라되어 있습니다. 이것은 '구도의 마음 앞에서는 계급도 종교도 그 어느 것도 묻지 않는다'는 철저한 구도정신의 표현입니다. 이 경전은 이처럼 방대하고 또 그 문체가 너무 화려하기 때문에 초보자가 읽기에는 좀 장황한 느낌이 들 것입니다. ｜석지현｜

팔만대장경, 고려대장경, 신수대장경은 어떻게 다릅니까

고려대장경은 부처님의 가피력으로 국가를 보호하려는 발원을 담고 만들어졌습니다. 고려대장경은 고려시대 현종 2년(1011)에 시작하여 선종 4년(1087)까지 77년의 오랜 시간에 걸쳐서 처음 완성되었습니다.

그러나 고종 19년(1232) 몽고의 침입으로 불타버렸고 이를 토대로 해서 제2판 고려대장경을 고종 23년(1236)에 시작하여 고종 38년(1251)까지 16년에 걸쳐서 완성했습니다. 이 제2판 고려대장경이 오늘날까지 전해오는데 대장경의 목판이 81,258장이기 때문에 팔만대장경이라 부릅니다. 대장경(大藏經)이란 불경을 총칭할 때 쓰는 이름입니다.

신수대장경은 우리나라의 팔만대장경을 저본으로 하여

일본에서 대정(大正) 12년(1923)부터 활자본으로 간행한 대장경을 말합니다. 이 신수대장경은 가장 늦게 편집되었기 때문에 거의 모든 경전들이 총 망라되어 있으며 전 세계적으로 불교학자들이 가장 많이 활용하는 대장경입니다. **|석지현|**

계를 받을 때 연비는 왜 합니까

불제자로서 계를 받을 때(受戒) 참회와 맹세의 의식으로 팔을 태우는 것을 연비(燃臂)라고 합니다.

일반 불자들은 보통 "살생하지 말아라" 등 다섯 가지 계(오계)를 받고, 갓 출가하여 처음 계를 받는 행자는 10계(사미계)를 받고, 21세 이상으로서 수행이 쌓여지면 비구계(250가지)를 받습니다.

이때 어떠한 고난이 닥쳐오더라도 반드시 받은 계를 지키겠다는 맹서와, 또 평소에 지은 갖가지 죄를 참회하는 의식으로 부처님 앞에서 정중히 연비를 하는 것입니다.

스님이 되고자 행자로서 계를 받을 땐 참으로 기쁘기도 하고 설레이기도 합니다. 오랜 행자생활 끝에 계를 받고 스님이 된다는 기쁨과 '과연 내가 오늘 받은 계를 영원히 죽을 때까지 깨뜨리지 않고 지킬 수 있을까' '만일 지키지 못하면 부처님께서 혹시 어떤 벌을 내리지나 않을까' 등등의 걱정이 꼬리를 물지요.

이윽고 계사스님이 법상에 올라가 열 가지 지켜야 할 계조목을 일일이 열거하면 행자들은 그때마다 엎드려 '능히 받아 지키겠다'는 뜻으로 "능지(能持)" 하고 대답합니다.

이렇게 열 번이 끝나면 팔을 걷고 그 위에다가 향이나 또는 초나 밀을 메긴 삼베심지를 세워 놓고 불을 붙입니다. 불은 서서히 타 들어가 살갗을 태우면서 동그란 화상을 입고 얼마 후 그 자리는 살이 부풀어 올라와 확연한 맹서의 표식을 남기지요. 그 표식은 영원히 오래도록 남아 마음이 흔들릴 때마다 자신을 지켜줍니다. |윤창화|

공양은 식사와 같은 뜻입니까

일반적으로 절에서 먹는 하루 세 끼 식사를 '공양(供養)'이라고 합니다. 그 외에도 부처님께 올리는 음식물도 '공양 올린다'고 하고 향(향공양)이나 등불(등공양), 차(차공양), 꽃(꽃공양)을 올리는 것도 모두 '공양 올린다'고 합니다.

뿐만 아니라 부처님의 가르침을 기술한 경전이나 좋은 불교서적을 무상으로 나누어 줄 적에도 법공양(法供養: 진리를 공양함, 진리를 베푼다는 뜻에서 '법보시'라고도 함)한다고 하여 책 뒤에 '법공양판'이라는 문구를 넣는 경우도 있습니다.

그 외에도 모든 분들께 음식을 베풀 적에는 '대중공양'이라고 하고 발우를 가지고 공양할 적에는 '발우공양'이라고 합니다. 또 공양은 원칙적으로 누구에게나 평등해야 한다는 의미에서 '평등공양' 을 존중하는데 이것은 불교의 평등사상이 현실에 적용되고 있는 아름다운 미덕입니다.

불교에서는 일상의 식사 뿐만이 아니라 스님이나 부처님께 드리는 것, 올리는 것은 무엇이든지 '공양 올린다' 고 합니다. 따라서 공양(供給奉養: 공급해서 봉양한다는 뜻)이라는 말 속에는 음식을 올리는 것 외에도 '뜻을 받들어 모신다' '존경한다' 는 의미가 포함되어 있습니다.

여기서 스님들은 어떤 마음으로 공양을 받고 신도들은 어떤 마음으로 공양을 올려야 하는지가 중요합니다.

스님들은 금생에 깨달음을 얻자면 어쩔 수 없이 육체를 관리해야 합니다. 따라서 공양은 깨달음을 얻기 위하여 부득이 받는 것이고, 깨달음을 얻은 뒤에는 그들에게 가르침을 베풀어 보답해야 하는 것입니다. 또 신도의 입장에서 스님들께 공양을 올리는 것은 복덕을 쌓아 진리의 문으로 들어가기 위해서입니다.

독자들은 해인사나 송광사 같은 큰 절에서 스님들이 공양하시는 것을 보신 적이 있습니까? 200여 분의 스님들이 가사를 입고서 동시에 큰 방에서 공양을 하지만 수저 들었다 놓는 소리조차 들리지 않습니다. 그저 하얀 고무신만 질서정

연하게 놓여 있을 뿐, 안에서는 도대체 무엇을 하는지 알 수가 없습니다.

사찰에서 스님들이 하는 발우공양은 격식과 품위가 너무나 엄격하고 조용해서 '적멸(寂滅)의 세계─깨달음의 세계─'를 표현하고 있다고 해도 좋을 것입니다.

절에서의 아침 공양은 대체로 7시경, 점심 공양은 11시 30분경, 저녁 공양은 5시 30분경에 합니다.　**|윤창화|**

관세음보살은 어떤 분입니까

무한한 자비심으로 모든 중생의 어려움과 고통을 해결해 주시는 분이 바로 관세음보살님입니다. 관세음보살을 관자재(觀自在: 마음대로 본다)보살, 또는 줄여서 '관음보살'이라고도 합니다.

관세음보살은 이름 그대로 세상 사람들이 갈망하는 소리를 다 듣고 관찰합니다(觀世音). 그래서 《천수경》에서는 "천 개의 손과 천 개의 눈을 가지신 관자재보살님"이라고 표현하고 있습니다.

관세음보살님의 자비심을 설명하고 있는 《관음경》을 보면 "일심으로 정성을 다해 관세음보살님을 염송하면 그 음성을 듣고 즉시 찾아와 괴로움을 없애 주고 소원을 성취시켜 준다"고 합니다. 중생의 고통은 뭐든지 자신의 고통으로 여기는 것이지요.

관세음보살님의 큰 자비심과 중생에 대한 애정은 넓고 넓어 좋고 나쁜 것을 가리지 않습니다. 이러한 원력 때문에 전국적으로 많은 불자들이 관음기도를 통하여 자신의 처지, 자신의 원하는 바를 하소연합니다. 사찰의 이름에도 '관음사' '관음암'이 가장 많은 것도 바로 이런 이유 때문입니다.

관세음보살님을 그린 탱화나 조각상에서 관세음보살은 자애스럽고 풍만한 여성으로 등장합니다(교리상으로는 남성입니다). 무엇이든지 다 이해하고 받아주고 보듬어 줄 것 같은 느낌입니다. 만인의 어머니 같은 관세음보살님의 모습이지요.

절에 가면 관음전(觀音殿), 또는 원통전(圓通殿)이라고 하는 곳이 있습니다. 이곳이 바로 관세음보살님을 모신 곳입니다. 또 음력 매월 24일이 관음재일입니다. 이 날은 관세음보살님께 공양을 올리면서 소원을 비는 날입니다. **|윤창화|**

극락과 지옥은 정말 있습니까

극락과 지옥이 정말 있는지, 가보지 않은 이상 뭐라고 확언할 수는 없습니다. 한 30년 쯤 지나면 저도 최소한 어느 한 곳은 가보게 될 것으로 믿습니다. 가능한 극락으로 갔으면 하는데 그렇게 될는지 모르겠습니다.

극락과 지옥의 갈림길은 살아생전에 얼마나 선행을 쌓았느냐 혹은 얼마나 악업을 지었느냐에 따라서 결정됩니다.

선행을 많이 하면 그 대가로 좋은 곳(극락이나 천당)에 태어나게 되고, 못된 짓을 많이 하면 나쁜 곳(지옥)에 태어나게 되는 것은 당연한 논리가 아니겠습니까?

먼저 극락세계(極樂世界)는 말 그대로 '매우 즐거운 곳' '행복한 곳'으로 고통은 조금도 없습니다. 극락은 '깨끗한 곳'이라고 하여 '정토(淨土)'라고도 하고 '부처님이 사는 나라(佛國土)' '안락한 나라(安養國)'라고도 하는데, 장래 성불이 보증된 낙원입니다. 갖고 싶은 것, 먹고 싶은 것 등 무엇이든지 생각만 하면 금세 눈앞에 즐비하게 늘어져 있다고 하니 얼마나 좋겠습니까. 게다가 수명도 무한할뿐더러 다시는 고통스러운 지옥이나 인간 세상으로는 내려오지 않습니다. 정말 그런 곳에서 한번 살아봤으면 소원이 없겠지요.

극락과 혼동하기 쉬운 천상(天上: 천당)이라는 곳이 있습니다. 천상은 육도(六道: 지옥·아귀·축생·아수라·인간·천상, 이곳은 모두 윤회함) 가운데 하나로서 극락보다는 훨씬 못하지만 인간 세상보다는 좋은 곳입니다. 하지만 극락과는 달리 죽음이라는 것이 있고 복이 다하거나 죄를 지으면 다시 인간이나 지옥으로 떨어지는 곳입니다(자세한 설명은 '전생과 내생은 정말 있습니까'를 참고하세요).

지옥은 고통이 극심한 곳입니다. 말 그대로 '지하 감옥(地獄)'으로 '나락(奈落, 那落. 범어 Naraka)'이라고도 합니다. 우리 말에 벗어나기 어려운 절망적인 상황을 "절망의 나락에 떨어진다"고 하는데, 지옥의 이칭으로 같은 말입니다. 지옥의 형기(刑期)는 가장 짧은 곳이 1조 6천 2백억만 년으로 한

시도 죄인을 가만히 두지 않고 고통을 줍니다.

지옥에는 대표적으로 큰 지옥이 8개가 있고 기타 지옥까지 합하면 무려 8만4천 지옥이 있습니다. 그 중 아비지옥과 규환지옥은 고통이 워낙 심해서 그 소리가 천지를 진동한다고 하는데, 간혹 신문이나 방송에서 사고현장을 '아비규환'이라고 표현하는 것도 이 두 지옥에서 유래하고 있습니다.

뿐만 아니라 발설(拔舌)지옥이라는 곳에서는 죄인의 혀를 하루에도 수백 번씩 뽑는다고 합니다. 끔찍하지요. 또 독사지옥엔 바글거리는 독사 구덩이에다 사람을 집어 넣는 답니다.

이 외에도 지옥의 참상을 설명할라치면 끝이 없습니다. 이렇게 지옥은 즐거움이라고는 그 어디에도 찾아볼 수 없고 오직 고통만 있는 슬픔과 비탄의 세계입니다.

극락과 지옥을 좀더 현실적인 측면에서 이해한다면 어떻게 이해하는 것이 좋을까요. 현재의 내 마음이 몹시 괴롭고 슬프면 그것이 바로 지옥이고 내 마음이 즐겁고 편안하면 그것이 바로 극락일 것입니다. 욕망과 사치, 허영과 질투, 이런 것들이 지옥이고 무욕과 분수껏 살아가는 것, 이것이 바로 극락이 아닐까요. **|윤창화|**

관음전, 지장전, 칠성각 등
절 건물의 명칭에 대하여 알고 싶습니다

　법당이나 대웅전 외에도 사찰에는 많은 건물이 있습니다. 간략하고 알기 쉽게 설명하겠습니다.

　대웅전(大雄殿, 大雄寶殿)은 불교의 교주이신 석가모니 부처님을 모신 곳이고, 적멸보궁(寂滅寶宮)은 부처님 진신사리를 모신 곳입니다. 대적광전(大寂光殿), 비로전(毘盧殿), 화엄전(華嚴殿)은 비로자나불을 모신 곳이고, 무량수전(無量壽殿)과 미타전(彌陀殿), 극락전(極樂殿)은 극락세계를 담당하는 아미타불을 모신 곳입니다. 그래서 영가(죽은 이의 영혼)를 천도(왕생극락을 기원하는 것)할 적에 아미타불을 부르는 것입니다.

　천불전은 천 분의 부처님을 모신 곳이고, 미륵전(彌勒殿) ·

용화전(龍華殿)은 먼 미래에 사바세계로 오셔서 중생을 제도
하신다는 미륵불을 모신 곳입니다. 관음전(觀音殿)·원통전
(圓通殿)은 자비심으로 모든 중생의 소원과 고통을 들어주는
관세음보살을 모신 곳이고, 약사전(藥師殿)은 우리의 병을
고쳐주시는 약사여래불를 모신 곳이며, 지장전(地藏殿)·명
부전(冥府殿)은 지옥에 있는 중생들을 남김없이 구제하겠노
라고 원을 세운 지장보살님을 모신 곳입니다. 그래서 죽은
이의 명복을 빌 때 지장보살을 부르는 것입니다.

팔상전(八相殿)은 부처님의 일생을 여덟 장의 그림으로
그려서 모신 곳이고, 영산전(靈山殿)은 영산회상을 재현한
것으로 석가모니 부처님과 가섭 등 10대제자, 그리고 16아
라한과 5백아라한을 모신 곳입니다. 나한전(羅漢殿)·응진
전(應眞殿) 역시 부처님 제자 중에 성자의 경지에 오른 5백
명의 아라한 즉 오백나한을 모신 곳입니다.

삼성각(三聖閣)은 산신(山神)·칠성(七星)·독성(獨聖)님
을 모신 곳입니다. 삼성각을 따로따로 나누어서 산신각(산신
을 모신 곳)·칠성각(칠성님을 모신 곳)·독성각(누구의 가
르침도 의존하지 않고 혼자의 힘으로 깨달음을 얻은 나반존자
를 모신 곳)이 별도로 있는 곳도 많습니다. |윤창화|

기도는 어떻게 해야 합니까

"어떤 암자에 가서 기도를 하면 효험이 있다"고 하여 그곳으로 달려가는 신도님들을 종종 본 적이 있습니다.

세속의 소음이 들리지 않는 조용한 곳에 가서 기도를 하면 염원하는 바가 더욱 간절해지는 것은 사실이지만, 기도란 지극하고 정성스러워야 되는 것이지 꼭 조용하고 한적한 곳에 가서 기도를 해야만 소원이 이루어지는 것은 결코 아닙니다.

그 이유는 부처님이나 관세음보살님을 비롯한 여러 불보살님께서는 그 누가 어느 곳에서 기도를 하든지 그들이 원하는 바, 그들의 바라는 바 마음의 소리를 다 알아듣고 헤아려 주시기 때문입니다.

기도에는 석가모니 부처님께 드리는 기도(이 경우 석가모니불을 부르고), 지장보살님께 드리는 기도(이 경우 지장보 살을 부르고), 관세음보살님께 드리는 기도(이 경우 관세음 보살을 부르고) 등이 있는데 그 중에서도 우리나라에서는 예 부터 관음기도를 많이 하지요. 그 까닭은 어느 보살님보다도 중생을 끔찍하게 아끼고 사랑하는 분이 바로 관세음보살님 이기 때문입니다.

우선 기도를 할 적엔 몸과 마음을 가다듬고 준비한 뒤에 기도를 시작해야만 마음이 흔들리지 않고 할 수가 있습니다. 기도를 하면서 집안의 복잡한 일에 신경을 쓴다면 순수하고 정성있는 기도가 되지 못하겠지요.

세속의 잡념을 떨쳐버리고 차분하게 기도를 하기 위해서 는 아무래도 조용한 절이나 암자에서 스님의 도움을 받아 기 도하는 것이 좋을 것입니다.

밀레의 '저녁 종'이라는 그림을 보신 적이 있습니까. 물론 다 보셨겠지요. 저녁 노을이 지고 있는 가을 들판에서, 벼 이 삭을 줍다가 문득 저 멀리 들려오는 저녁 종 소리를 듣고 하 던 일을 멈춘 채 고개를 숙여 기도하는 부부의 모습은 참으로 고귀하고 아름답지요. 기도란 바로 이런 것입니다. **|윤창화|**

깨달으면 부처나 나나
다 똑같다고 하는데 어째서입니까

"이 마음이 곧 부처다." "나 자신이 곧 부처다." "깨달으면 부처나 나나 다 똑같다."

불자들은 이런 말을 많이 들어봤을 것입니다. 절에 처음 다니는 분들은 물론이지만, 많이 다녔다고 하는 분들도 무슨 말인지 잘 모를뿐더러 그 때마다 당황함을 느끼지 않을 수 없었을 것입니다.

"글쎄 나 자신이 곧 부처라니⋯⋯엄연히 부처님을 모셔놓고 이 무슨 불경스러운 말인가."

우리는 이 말을 어떻게 이해해야 할까요. 현실적으로 이해하기란 참 어려운 문제입니다. 이 말은 본질적인 측면, 진리적인 측면에서 이해해야 합니다. 또 설법하시는 스님 역시 본질적인 측면에서 이야기하는 것이지 현실적인 측면에서 이야기하는 것은 물론 아닙니다.

우리는 누구나 몸과 마음을 닦아 깨달으면 부처님처럼 될 수 있는 자질―그것이 바로 나 자신이 곧 부처라는 뜻입니다―을 가지고 있습니다. 선거에서 당선되면 누구나 대통령이 될 수 있다는 논리와 똑같습니다.

그런데 부처님처럼 성인이 되지 못하는 것은 탐욕과 번뇌 망상에 매달려 자기 자신을 발견하지 못하고 인생을 탕진하기 때문입니다.

뿐만 아니라 출세하고 싶은 마음, 돈을 잔뜩 갖고 싶은 마음·욕망·사치·허영, 이런 마음이 가득 차 있기 때문입니다. 우리의 '마음이라는 것이 바로 이런 것이로구나' 하고 절실하고 확실히 파악하는 것, 그것을 우리는 '깨달았다' 고 하고 또 '부처가 되었다' 고 말합니다.

이렇게 본다면 우리의 마음이라는 것이 바로 부처인 셈입니다. 따라서 누구나 깨닫기만 하면 그 때부터는 부처님이나 나나 다 똑같은 위치에 있는 것이 되지요. 대통령에도 급수가 있습니까? 물론 국력에 따라선 파워의 차이는 있을 수 있겠지만 본질적으로는 같은 급수이지요.

다만 우리가 유념해야 할 것은 그렇다고 해서―본질적으로는 같다고 해서―수행도 하지 않고 깨닫지도 못한 입장에서 함부로 '부처님이나 나나 똑같은 존재'라고 해서는 안 되겠지요. 어린아이가 본질적으로는 어른과 똑같은 인격체라고 해도 아직 어른이 되자면 몇십 년은 더 있어야 할 녀석이 어른과 맞먹으려고 덤벼든다면 그것은 세상을 모르는 망나니라고 할 수 있습니다. 좀 어려운 말입니다만 먼저 자아를 발견해야겠지요.

스님들께선 이러한 사실을 일깨워 주기 위하여 "내가 곧 부처다" "깨달으면 부처님이나 나나 다 똑같다"고 말씀하시는데 이것을 매우 감사히 생각해야 할 것입니다.

끝으로 '부처'라고 했을 때는 진리의 대명사, 깨달음의 대명사가 되고 '부처님'이라고 했을 때는 깨달음을 얻은 인격체를 가리킵니다. 이해가 되시지요. **|윤창화|**

나무아미타불 관세음보살은 무슨 뜻입니까

텔레비전 드라마 중에 '사극(史劇)'이라는 것이 있습니다. 사극에는 대체로 스님이 등장하여 방황하는 한 사람의 인생을 상담해 주거나 또는 갈 길을 제시해 줍니다. 그들과 대화가 끝나고 헤어질 무렵, 스님은 합장을 하면서 연민에 가득찬 음성으로 나지막히 '나무아미타불 관세음보살'이라고 하는 장면이 심심치 않게 나옵니다. 무슨 뜻일까요.

"나무아미타불 관세음보살."

어림잡아 '아무쪼록 액운이 걷히고 창공처럼 만사가 형통되길 바란다'는 의미가 아닐까 생각되지만, 원래 뜻은 전혀 다릅니다.

'나무(南無)'는 산스크리트어(범어, 인도의 고대 언어)

'나마스(namas: 歸依)'의 한자 표기인데, '귀의(歸依)한다'는 뜻입니다. 한자로는 '남무(南無)'라고 쓰지만 중국에서는 '나모(nāmó)'라고 발음하고 우리나라에서는 '나무'라고 발음합니다. '아미타불(阿彌陀佛)'은 행복으로 가득찬 극락세계(정토)를 관장하는 부처님의 이름입니다.

'나무'와 '아미타불'이 두 단어를 합하면 '극락세계를 담당하시는 아미타 부처님께 귀의(의지)합니다'가 됩니다. 즉 "죽은 뒤 극락세계에 태어나게 해 주세요"라는 뜻이지요. 손님을 배웅할 때 하는 나무아미타불은 손님의 미래를 위해서, 혼잣말로 중얼거리는 것은 자신의 미래(사후)를 위해서 염원하는 것이지요.

관세음보살은 자비를 상징합니다. 천 개의 눈과 천 개의 손을 갖고 있으면서, 수많은 중생의 원하는 바와 어려운 점은 무엇이든지 들어주고, 무엇이든지 구제해 주겠다고 원을 세우신 보살님입니다. 인생의 상당 부분을 중생을 위해 살아가는 분이지요.

그렇다면 '관세음보살'을 부르는 것은 무슨 뜻일까요. "괴로움을 없애 주고 행복하게 살게 해 주소서"가 됩니다.

절에서는 염불할 때뿐만 아니라 일상 생활속에서도 부단

히 '나무아미타불' '관세음보살'을 부릅니다. 이것은 우리 모두 죽게 되면 함께 서방정토 극락세계에 태어나기를 염원함과 동시에 살아생전에는 괴로움 없이 행복하게 살기를 바라는 의미입니다. 현실에서의 행복과 사후 안락, 이것이 인간의 보편적인 바람이 아닐까요.

그런데 재미있게도 중국 스님들은 헤어질 때 인사말로 '나무아미타불'이라고 합니다. 우리나라의 "안녕히 가세요" 또는 "성불하십시오"와 같습니다. 또 인도 사람들의 인사말이 무엇인지 아세요. '나마스 테'입니다. '당신께(테, te) 귀의합니다(나마스, namas)' '당신을 존경합니다'라는 뜻인데, 이 인사말 하나로 "안녕하세요" "점심 드셨습니까" "안녕히 주무세요" 등 모든 인사말을 대신합니다. 참 좋은 인사말인 것 같습니다. **|윤창화|**

다기 물은 왜 올립니까

'다기물'이란 '다기(茶器, 찻잔)에 담은 물'이라는 뜻으로 부처님 앞에 올리는 깨끗한 물을 말합니다. 원래는 향기나는 차(茶)를 올렸습니다. 그러던 것이 깨끗한 물로 대체된 것입니다. 말하자면 '차(茶)' 대신 깨끗한 물을 올리는 것인데, 자신의 정성을 물에 담아 올린다고 이해하면 됩니다.

물이란 모든 더러움을 깨끗이 씻어주며 목마른 갈증을 풀어줍니다. 물은 생명의 원천입니다. 우리 몸은 70% 이상이 물로 돼 있습니다. 물은, 물이 흘러가는 이치(氵+去=法)는 곧 '부처님의 가르침(法)'을 뜻하기도 합니다. **|석지현|**

다라니란 무슨 뜻입니까

다라니(陀羅尼)는 범어 '다라니(dhāraṇī)'의 한자표기로 크게 세 가지 뜻을 가지고 있습니다.

첫째, 불교의 모든 가르침이 다라니 속에 함축되어 있기 때문에 이것만 외워도 진리를 깨달을 수 있습니다. 둘째, 불교경전의 내용을 보거나 듣기만 해도 모두 다 기억하기 때문에 후대엔 일종의 '기억술'로 통하게 되었습니다. 셋째, 일심으로 다라니를 외우면 모든 악과 재앙이 침범하지 못하기 때문에 악을 물리치는 주문(呪文)으로 인식되었습니다.

이상에서 열거된 바와 같이 다라니에는 불가사의하고도 무한한 힘이 있다고 생각하게 되었는데 어째서일까요.

일심으로 다라니를 외우면 정신이 통일(집중, 삼매)되어 오묘한 진리를 터득할 수도 있고, 또 정신이 집중되면 무엇이든지 잘 기억하게 되고 사리도 잘 분별하게 되고 머리도 명석해진다는 것이지요.

또 다라니(진언)는 크든 작든 소리를 내어 염불처럼 외우는데 이 역시 정신이 집중(삼매)되어 몸과 마음이 흐트러지지 않게 되고, 따라서 외부의 악과 내면의 사악한 마음이 끼어들 틈이 없게 됩니다. 무엇보다도 자신의 내면이 탄탄하게 되므로 외부의 세력이 침범을 못하는 것입니다.

다라니를 다른 말로는 '진언(眞言)'이라고도 합니다. 진언이란 허튼 말이 아닌 '진실한 말' '참다운 말'이라는 뜻으로, 실담문자(범어의 자음과 모음)로 된 짧은 주문(呪文: 비밀스러운 문구)입니다.

즉 화두처럼 무슨 뜻을 갖고 있는지 알기 어렵기 때문에 일부분만 해석할 수 있을 뿐 완전한 해석이 불가능합니다. 또 해석을 하면 신비성이 결여되기 때문에 해석을 하지 않는 것이 통례로 되어 있습니다. 그러다 보니 다라니나 진언은 더욱더 신비스러운 주술, 주문처럼 생각하게 된 것입니다.

그런데 진언과 다라니는 같으면서도 그 형식에 있어서 약간 차이가 있습니다. 대체로 진언은 짧고, 다라니는 깁니다.

예컨대 《천수경》 첫 대목의 '정구업진언 수리수리 마하수리 수수리 사바하'에서 '정구업진언(구업을 깨끗이 하는 진언)'은 진언의 이름이고 '수리수리 마하수리 수수리 사바하'는 진언의 문구입니다. 이 진언을 외우면 악한 말로 남을 괴롭힌 죄가 다 없어진다는 것이지요. 또 우리가 많이 듣는 '옴 마니 반메 훔'도 진언입니다. 이처럼 진언은 대체로 짧으면 한 자, 길어야 두세 줄 정도에 불과합니다.

반면 '다라니'는 진언보다 훨씬 깁니다. 예컨대 《천수경》의 '신묘장구대다라니(신묘한 힘을 가진 큰 다라니)'나 《능엄경》의 신비스러운 주문인 '능엄신주'처럼 상당히 긴 것을 가리킵니다. 또 탑 모양과 같은 그림 속에 경전의 전문(全文)이 쓰여져 있는 것을 '탑다라니'라고 하여 불상을 조성하거나 탑을 조성할 때에 그 속에 넣기도 합니다.

불교 이전부터 힌두교를 비롯한 인도의 각 종교에서는 다라니·진언 등 주문을 많이 숭상했습니다. 이것을 불교에서도 그대로 받아들였다고 봅니다. **|윤창화|**

다비(식)란 어떤 것입니까

　다비(茶毘)란 팔리어(고대 인도 방언) 쟈퍼타(jhāpita)의 한자표기로서 '태우다'는 뜻인데 말하자면 화장(火葬)을 가리킵니다.

　불교에서 화장을 하는 것은 인도문화의 영향입니다만, 부처님께서 열반하시자 화장을 한 데에서 비롯되었습니다. 부처님께서는 쿠시나가라에서 열반에 드셨는데 제자들은 부처님 장례를 어떻게 치를 것인가에 대하여 논의하였습니다. 그 결과 매장, 풍장, 화장 등 여러 가지 장례법 중에서 화장을 하기로 결정하였습니다.

　제자들은 넓은 장소에 장작을 겹겹이 쌓고 부처님의 시신을 안치한 다음 불을 붙였습니다. 그런데 어찌된 일인지 불이 붙지 않았습니다. 여러 차례 되풀이했지만 끝내 불은 타오르지 않았습니다.

상수제자인 가섭존자가 도착하여 슬피 울자 문득 관 밖으로 부처님은 두 다리를 내밀었습니다. '생사가 둘이 아니다. 그러니 슬퍼하지 말아라' 는 뜻이었습니다.

이윽고 불이 저절로 타오르기 시작했습니다. 제자들은 부처님 사리를 모아서 탑에 안치하였습니다. 그 이후부터 불교에서는 화장을 하게 된 것입니다.

한편 불교에서 화장을 하는 또 다른 까닭은 다 허물어진 육신을 미련없이 버리고 떠난다는 무집착에 의미를 두고 있습니다.

불자 여러분도 텔레비전을 통하여 큰스님들의 다비 장면을 보신 적이 있을 겁니다. 넓은 장소에 임시로 다비장(화장장)을 설치하고 다비를 하는 모습은 웅장하고도 격식이 있습니다. 많은 대중들이 합장하는 가운데 관 위아래에 장작을 쌓고 수십 겹의 볏짚을 덮은 뒤 밑에서 불을 붙이면 불빛은 보이지 않고 뽀얀 연기만 피어 오르지요. 12시간 쯤 지나면 재만 남습니다. 제자들은 스승의 육신이 타버린 그 자리에서 정성껏 사리를 모아 항아리에 담습니다. 다비식(茶毘式)은 이것으로 완전히 회향(마침)하는 것입니다.

우리나라는 조선시대 이후에 와서 성리학의 영향을 받아 화장을 금하고 매장을 하였지만 고려시대에는 불교의 영향을 크게 받아 스님은 물론이지만 일반인들까지도 모두 다비(화장)를 하였습니다. 최근에는 일반인도 인식이 바뀌어져서 60% 이상 화장을 한다고 합니다. **|윤창화|**

단청은 왜 합니까

    단청은 훌륭하게 지어진 건물이 비바람에 부식되는 것을 방지함과 동시에 건물의 웅장함을 더욱더 아름답게 꾸미기 위해 하는 것입니다.

    단청(丹靑)이란 말은 본래 단사(丹沙)와 청확(靑穫)이라는 이름을 가진 고대 중국의 안료(顔料)에서 나온 말입니다.

    당나라의 현장삼장은 《대당서역기》 권2에서 "미묘한 단청을 구하여 함께 한 불상을 그려 이루었다"라고 적고 있어서 불화의 제작에 쓰이는 안료를 단청이라고 불렀다는 것을 알 수 있습니다.

    단청은 주로 절의 법당이나 여러 전각에 음양오행사상에서 양에 해당하는 5정색 즉 청·적·황·백·흑의 다섯 가지 색채를 기본으로 삼고 음에 해당하는 오간색, 즉 녹색·벽색·홍색·유황색·자색을 사용하여 연꽃무늬·상서로운 구름무늬·인동초무늬로 일정한 순서로 그려서 법당을 미적(美的)으로 장엄하고 목조건물의 부식방지를 위한 그림을 의미합니다.

이처럼 단청에 사용되는 다섯 가지 색채는 음양오행사상에 의하여 배합되었습니다. 즉 중앙은 토(土)이므로 황색을 주로 사용하고, 좌측 동쪽은 목(木)이므로 오색 중의 청색을 사용하고, 우측 서쪽은 금(金)이므로 백색을 사용하고, 남쪽은 화(火)이므로 적색을 사용하고, 북쪽은 수(水)이므로 흑색을 사용하였습니다.

이렇듯 오색의 배합조차도 오행사상에 의해서 그려진 단청은 그 문양의 종류와 색상, 배색, 채색면의 대소, 질감 등의 미려한 조화를 이루고 있어서 우리나라의 고전미를 잘 보여 주고 있습니다. ┃일지┃

달마대사는 어떤 분입니까

　최근 크고 날카로운 두 눈에 긴 턱수염을 가진 선승의 모습을 그린 달마도가 온갖 사악한 기운들을 물리친다는 소문이 나면서 많은 사람들의 사랑을 받고 있습니다.

　달마도의 주인공 보리달마는 선종의 초조로서 인류의 정신사에 큰 발자취를 남기고 있는 거인 중의 한 사람입니다.

　보리달마는 남인도국 향지왕의 셋째 아들로서 인도 제27대 조사인 반야다라의 법을 이었습니다.

　보리달마는 527년경 바닷길을 통해 중국 남부의 광주에 도착하여 당시 열성적인 불자였던 양무제의 초빙을 받았습니다. 그 자리에서 양무제는 다음과 같이 물었습니다.

　"짐은 즉위한 이래 수많은 절을 짓고 경전을 출판하였으며 불교교단을 후원하여 왔소. 어떤 공덕이 있겠소?"

"공덕 될 것이 하나도 없소."

당황한 양무제가 다시 물었습니다.

"어찌 공덕이 없다고 하는가?"

"그 공덕은 인간과 신들의 속세에서나 필요한 덧없는 행위이며 그 과보 역시 조금씩 흘러나오는 옹달샘에 불과할 뿐이요. 그림자가 실재하는 듯이 보이지만 그것은 실체가 아니듯 공덕 역시 허상일 뿐이요."

"그렇다면 당신이 생각하는 진정한 공덕이란 무엇인가?"

"진정한 공덕이란 청정한 지혜의 완성에 있습니다. 이 지혜의 본질은 형상을 초월한 것이며 공적(空寂)한 것입니다. 이 진정한 공덕은 세간적인 방법으로는 추구되지 않는 것입니다."

"그렇다면 어떤 것이 그대가 말하는 성스러운 진리의 제일원칙인가?"

"진리는 크고 텅 비어서 아무것도 성스러울 것이 없소."

양무제는 지금까지 자신이 믿고 있던 진리의 성스러움마저 부정해버리는 보리달마에게 더욱 화가 나서 큰 목소리로 물었습니다.

"짐을 대하고 있는 그대는 누구인가?"

"모르겠소!"

양무제와의 대화를 통해 남중국에는 선법이 뿌리내릴 인연이 없음을 느낀 보리달마는 발길을 돌려 양자강을 건너서 하남성 등봉현의 숭산 소림사로 향했습니다. 보리달마는 소림사에 은둔하며 9년 동안 벽만 바라보고 참선을 하였습니다. 달마에게 가르침을 받은 혜가와 같은 제자들은 선을 전파하게 되고 달마는 중국 선종을 처음 연 스님으로 알려지게 됩니다.

선불교가 후대에 끼친 큰 영향에서 생각해 보면 보리달마와 같은 인물은 서기 6세기경의 동서양을 통틀어 가장 특이한 존재라고 할 수 있으며 매우 강렬한 카리스마를 갖고 있는 인물입니다. |일지|

대선사, 대종사 대화상 등
존칭에 대하여 알고 싶습니다

　스님에 대한 존칭은 매우 많습니다. 존칭은 대체로 평소 그 스님이 주로 어떤 공부, 즉 무엇을 전공했느냐에 따라 붙여지는데, 참선을 공부한 스님에겐 '선사(禪師)' '대선사(大禪師)', 계율을 공부한 스님에겐 '율사(律師)', 경전 즉 교학을 공부한 스님에겐 '강사(講師)' 또는 '대강백(大講伯)'이라는 존칭을 씁니다.

　전공과 관계 없는 존칭도 있는데 '조사(祖師)' '종사(宗師)' '대사(大師)' '화상(和尙)' 등입니다. 조사는 한 종파를 창시한 스님 즉 종조(宗祖)나 중흥조의 경우 '조사'라는 존칭을 쓰고, 종사는 한 종파의 업적을 계승 발전시켰거나 부처님 가르침을 후세에 잘 전한 스님의 경우 '종사'라는 존칭을 쓰고, 대사는 덕이 높은 스님, 화상도 스승이라는 뜻인데 역시 덕이 높은 스님에 대한 존칭입니다. 여기에 대(大)자를 붙여서 대종사 대화상이라고도 쓰는데 이 역시 최고의 존칭이지요.

사실 이런 존칭은 고려시대에 형성된 승계제도(僧階制度, 지금은 법계라고 함)와 크게 관련이 있습니다. 고려시대에는 국가에서 행하는 시험에 합격하는 스님만 선사·대선사 등의 칭호를 쓰게 되어 있어서 칭호만 보아도 위계질서가 확연했습니다.

조선시대 이후엔 승계제도가 없어서 엄격한 구분이 무너지긴 했으나 그래도 겸양으로 적당한 존칭을 쓰곤 했는데 지금은 대체로 큰스님·대종사·대화상 등으로 부르고 있어 한마디로 존칭으로는 위아래를 구분할 수가 없게 되었습니다.

조선시대 이후에는 그런 제도가 없어졌지만 불교를 국교로 삼았던 신라, 고려시대에는 국사(國師: 한 나라의 스승), 왕사(王師: 왕의 스승) 제도가 있었습니다. 고승 가운데 국가에서 추대했던 최고의 존경받는 자리로 국사가 더 높은 자리였습니다. 임금은 물론 조정의 대신들은 누구를 막론하고 정중하게 예우했습니다. **|윤창화|**

만卍자 표시는 무엇을 뜻합니까

만(卍)자는 만(萬)자, 만(万)자라고도 쓰는데 길상(吉祥)스러움을 뜻합니다.

불교에서는 이것을 '만덕이 원만한 모양(吉祥海雲相)' '진리의 본체(佛心印)' 또는 '부처님 신체에 있는 특이한 모습의 하나'로써 부처님 가슴이나 손, 발에 있었다고 하여 '가슴 만'자라고도 합니다.

이런 이유로 불상의 가슴이나 발 불화 탱화 등에 많이 그렸을 뿐만 아니라 절이나 불교를 상징하는 깃발, 마크로도 널리 사용되었고, 사찰과 궁궐의 담이나 벽에도 만(卍)자의 사방 끝을 연결해 무한한 길상이 깃들기를 상징하였습니다. 실제 청·황·적·백·주황색으로 된 새로운 불교기가 제정되기 이전에는 만(卍)자가 불교기의 역할을 대신했지요. 지금도 지도에는 절 표시로 만(卍)자를 사용하고 있습니다.

만자에는 열십(十)자에서 좌측으로 도는 좌만(卍)과 우측으로 도는 우만(卐)자의 모양이 있습니다. 중국·한국·일본에서는 주로 좌만자를 썼는데 언제부터인지 우만자도 함께 쓰고 있습니다.

원래 만자는 글자가 아니라 길상을 상징하는 인도의 옛 문양이었는데 당(唐)의 측천무후가 '만(卍)'을 문자로 삼고 발음은 '만(萬)', 뜻은 '길상만덕(吉祥萬德)이 모인 곳'으로 하였다고 합니다.

아이러니컬하게도 세계 제2차대전 당시, 나치 독일의 히틀러가 우만자의 변형(卐)을 '하켄클로이츠(하켄: 꼬부라지다, 클로이츠: 十)'라고 칭하여 게르만족의 우수성을 강조한 깃발로 사용했습니다.

때문에 대부분 불교와 나치 독일과 무슨 관계가 있지 않을까 하고 생각할 수 있지만, 아무런 관계가 없습니다. 아마 길상과 행운을 가져다 주는 만자를 세계제패의 꿈을 가진 히틀러도 쓴 것이 아닐까요. **|윤창화|**

만다라에 대해서 알고 싶습니다

'만다라(曼茶羅)'는 산스크리트어의 만달라(maṇḍala)를 한문의 음(音)으로 옮긴 말입니다. 만다라의 원뜻은 '둥근 원(圓)'을 말합니다. 이것이 후대로 내려오면서 '신성한 단(壇: 영역)에 불보살의 모습을 둥근 원형(圓形)으로 배치한 도형'을 의미하게 된 것입니다. 지금은 다음의 두 가지 뜻으로 사용하고 있습니다.

첫째, 깨달음의 경지를 도형화한 그림.

둘째, 수행자의 우주적 심리현상을 도형화한 그림.

정신 분석학자인 칼 융은 이 만다라를 '인간의 본질적인 심리상태를 도형화한 그림'으로 봤습니다.

20여 년 전에 《만다라》란 소설이 출간되어 대대적인 선풍을 일으킨 적이 있었습니다. 내용인즉 끝없이 방황하는 한 납자(선승)의 모습을 그린 것이었습니다. 출간 즉시 베스트 셀러가 되었고 급기야는 영화로까지 만들어져 많은 사람들이 관람했습니다.

　그런데 '만다라' 의 원래 뜻과 소설에서 묘사하고 있는 내용과는 전혀 관계가 없습니다. 그러나 이 소설 덕분에 생소했던 '만다라' 라는 이름이 우리 귀에 낯설지 않게 됐습니다. 하기야 진리를 향해 가는 도중의 방황 자체도 '만다라의 바다에 이는 파도' 이기는 합니다만… **|석지현|**

목탁, 요령, 풍경의 의미는 무엇입니까

목탁(木鐸)과 요령(搖鈴)은 불공과 각종 법회에서 쓰이는 의식용 법구입니다. 목탁은 원래 목어를 휴대하거나 사용하기 쉽게 축소시킨 것으로서 표면에는 용 머리 모양을 한 물고기 조각을 새기기도 합니다.

목탁은 예불과 불공을 올릴 때 사용하기도 하지만 대중들에게 운집할 것을 알리거나 독경 · 울력 · 공양시간을 알리기 위해서도 사용합니다.

'목탁'이라는 말은 원래 불교용어가 아니라 이미 중국에서 사용하고 있던 용어입니다. 유교의 고전《논어》〈팔일(八佾)〉편에서는 어떤 사람이 "여러분은 어찌하여 공자님이 고국을 떠나서 이곳 저곳 다니는 것을 근심하고 있습니까? 세상에 도(道)가 없어진 지 오래 되었으니 하늘은 선생님(공자)을 이 세상의 목탁(木鐸)으로 삼을 것입니다"라는 구절이 있습니다. 이 밖에도 《주례(周禮)》〈천관(天官)〉편에서는 "목탁이란 쇠방울에 나무추를 흔들어서 문교(文敎)를 알리는 것이다"라고 적고 있습니다.

이 고전들이 의미하는 바와 같이 목탁은 교육의 선구자, 도덕의 계몽자를 의미하는 말로 쓰이게 되었습니다. 원래 중국에서 사용되던 말이 언제부터 불교에서 쓰게 되었는지는 분명하지 않지만 오늘날 목탁소리와 함께 부처님의 가르침을 펴고 있는 불교의 입장에서 생각해 보면 원래의 의미와도 서로 상통하고 있습니다.

요령은 금속으로 만든 작은 종 모양에 긴 손잡이가 달려 있는데 종 안에 추가 달려 있어서 손잡이를 잡고 흔들면 경쾌하고 맑은 소리가 납니다. 요령은 목탁보다 빠른 박자로 염불할 때 사용합니다. 옛날 큰 총림에서는 불이 났을 때 뛰어다니며 흔드는 화령(火鈴)과 밤에 순찰을 도는 스님이 사용하는 순경령(巡更鈴)으로도 쓰였습니다.

풍경(風磬)은 절의 처마 끝에 매다는 작은 종이지만 건물의 크기에 따라 풍경의 크기도 달라집니다. 금속으로 만들며

종 안에 추를 달아서 바람이 불 때마다 자연적으로 울리는 맑은 소리는 산사의 고요함과 조화를 잘 이루고 있습니다. 때문에 풍경을 '풍탁(風鐸)'이라고도 하는데 추를 매단 줄에는 붕어 모양의 장식을 답니다. 풍경을 매다는 이유는 건물을 향하여 날아드는 작은 새와 곤충들에게 사람이 오고 가는 곳이니 주의하라는 뜻입니다. **|일지|**

무당·점쟁이와 불교는 어떤 관계입니까

최초의 경전인 《숫타니파타》에서 부처님은 제자들에게 "절대로 점을 치거나 사주·관상 등의 직업을 갖지 말라"고 했습니다. 왜냐하면 점을 쳐 주거나 사주·관상 등을 봐 주는 것은 곧 남의 인생을 내 말 한 마디로 좌지우지하는 결과가 되기 때문입니다. 다행히도 정확하게 봐 준다면 그래도 좀 낫겠지만 자기 자신의 앞길도 잘 모르는 인간이 누구의 앞길에 대해서 운운한단 말입니까.

만일 어떤 사람에게 불행이 닥친다면 그는 그 불행을 통해서 무언가 깨달아야만 합니다. 그러면 그 불행을 통해서, 그 깨달음을 통해서 그는 보다 더 본질적인 곳으로 가까이 가게 됩니다. 설령 점을 친 결과 이러이러한 걸 조심하라는 점괘가 나왔다면 그 사람은 그 당시는 신경을 바짝 곤두세울 것입니다.

그러나 며칠이 지나게 되면 다시 안전불감증에 취해서 그저 그렇게 일상적 삶을 살아가게 될 것입니다. 점괘로 얻은 경고는 잊어버리고 결국은 그 불행을 당하고야 맙니다. 우리는 이런 사례를 우리 주변에서 얼마든지 보았습니다.

그런데 문제는 한번 점치는 습관이나 굿판에 길들여지게 되면 자기도 모르게 자꾸 점을 치거나 굿을 해야만 한다는 것입니다. 점을 안 쳐보면 답답하고 무당한테 가면 꼭 굿을 해야만 한다고 으름장을 놓습니다. "전에 굿을 했다"고 말하면 무당 왈 "전번의 굿은 잘못했으니 다시 더 큰 굿판을 벌여야 액운이 소멸한다"는 것입니다. 이 말을 들은 이상 굿을 하지 않고는 못 견딥니다. 이미 무당의 암시에 걸려 들었기 때문입니다.

그러므로 애시당초 점을 쳐서 요행수를 바라거나 굿판에 얼씬거리지 말아야 합니다. 행운이 오는 것도 불행이 오는 것도 다 필요해서 오는 것입니다. 이런 당당한 자세야말로 불자들이 가져야 할 마음가짐입니다. 그런데 불자들은 유난히 무속적인 것을 좋아하는 경향이 있습니다. 아마도 올바른 부처님의 가르침을 일러주지 않은 스님들의 탓도 있을 것입니다.

2,500년이라는 오랜 역사를 가진 불교는 어디를 가든 그 나라나 지역의 문화와 전통을 망가뜨리지 않았습니다. 그래서 무당이나 점치는 이들도 불교라는 이 거대한 그늘에 의지하였기 때문에, 무속신앙들과 자연스럽게 자리를 같이하게 된 것입니다.

그래서 점치는 이들은 만(卍)자를 자신들의 깃발로 쓰기도 하고 무당들은 불상을 자신들의 본존(本尊)으로 모시는 예도 있게 된 것입니다.

결론적으로 말하면 불교와 무속신앙은 전혀 관계가 없습니다. 그러나 오랜 세월이 흐르는 동안 자연스럽게 이 양자가 혼합된 것입니다. 왜냐하면 삶을 위로해 준다는 뜻에서는 이 둘이 같기 때문입니다.

서양의 경우는 점성술사가 선전용 전단을 나눠줄 때 십자가(十)를 상징마크로 쓰는 예도 있습니다. 10여 년 전 필자가 뉴욕의 지하철에서 직접 목격했습니다. |석지현|

산신신앙과 불교는 어떤 관계가 있습니까

산신은 액운을 막아 주고 인간의 삶을 보호해 준다고 하여 예부터 우리나라 사람들은 산에 가서 기도를 하고 정성을 드리기도 하였습니다.

산신(山神)신앙은 원래 산이 많은 우리 민족의 고유 신앙이었습니다. 그런데 불교가 우리나라에 들어오면서 재래의 산신신앙을 자연스럽게 흡수해서 체계화시킨 것입니다. 불교 이전에는 산신의 구체적인 형상(모습)이 없었는데 불교는 산신에게 구체적인 형상을 만들어 줬습니다. 수염이 하얀 노인이 산을 배경으로 호랑이에 기대어 앉아 있는 산신탱화의 모습이 그것입니다. 그리고 산신이 머무는 집을 '산신각(山神閣)'이라는 호칭까지 붙여 주었습니다. 이렇게 해서 불교신앙과 우리 민족의 고유신앙(산신신앙)은 자연스럽게 융화되게 된 것입니다. |석지현|

칠성신앙과 불교는 어떤 관계가 있습니까

예전엔 주로 아들을 낳지 못하는 이들이 칠성님께 기도를 하면 아들을 낳는다고 하여 높은 산악이나 절에 있는 칠성각 (七星閣)에 가서 기도를 하였습니다.

그런데 이 칠성신앙은 원래 중국의 도교신앙이었습니다. 불교가 전래됐을 당시 중국에는 도교신앙이 대단했습니다. 그래서 불교는 자연스럽게 도교의 영향을 받지 않을 수 없었는데 그 결과 도교의 칠성신앙이 불교 안으로 들어와 당당하게 자리잡았던 것입니다.

이렇게 도교화된 중국불교가 우리나라에 들어왔으므로 우리도 별 마찰 없이 칠성신앙을 불교신앙의 한 형태로 받아들여 오늘에 이른 것입니다. **|석지현|**

문수보살과 보현보살은 어떤 분입니까

어느 절이든지 가면 대체로 법당 한가운데에 부처님이 모셔져 있고 좌우로 두 분의 보살님이 계시는데, 양 옆에서 모시고 있다는 뜻에서 '협시보살(脇侍菩薩)'이라고 합니다. 부처님을 중심으로 하여 왼쪽에 있는 분이 문수보살이고 오른쪽에 있는 분이 보현보살입니다.

문수보살(文殊菩薩)은 훌륭한 지혜를 상징하고 보현보살(普賢菩薩)은 훌륭한 행(行: 행동, 실천)을 상징합니다. 훌륭한 지혜란 세속적인 지혜가 아니라 깨달음을 이루는 지혜를 말하고, 훌륭한 행은 중생을 보살피고 제도하는 실천력을 말합니다.

또 문수보살과 보현보살은 수많은 보살 가운데서 항상 리

더격의 역할을 합니다. 부처님께서 설법하시는 장소에 모인 대중들을 소개하는 경전의 첫머리에 보면 두 보살님은 항상 상수(上首)보살로 남다른 예우를 받습니다.

문수보살님의 활약상을 가장 잘 나타내고 있는 경전이 《유마경》입니다.《유마경》에서 문수보살은 부처님을 대신하여 십대제자를 거느리고 유마거사를 만나 병문안을 한 다음 뛰어난 법담을 전개합니다. 이 자리에서 유마거사가 '둘이 아닌 세계를 보여 주었다'고 해서 불이법문(不二法門)이라고 합니다.

《화엄경》에서는 보현보살의 역할이 돋보입니다. 80권으로 된 《화엄경》에는 〈보현행품〉이 있고 또 후대에 〈보현행원품〉을 추가할 정도로 보현보살님은 각광을 받습니다. 보현보살님은 열 가지 큰 서원을 세우셨는데 그 속에는 "항상 부처님 가르침을 잘 받들고 모시며 열심히 중생을 제도하겠다"는 맹서로 일관하고 있습니다. 이러한 정신과 행동을 보현행이라고 합니다.

강원도 오대산에 가면 상원사라는 절이 있습니다. 그곳에는 문수신앙과 관련하여 문수동자가 조선 7대 임금인 세조의 문둥병을 고쳐 주었다는 이야기가 전해 오고 있습니다. **|윤창화|**

바라춤과 승무에 대하여 알고 싶습니다

부처님 앞에 큰 재(齋: 공양)를 올릴 때, 또는 예수재나 49재 등을 올릴 때에 '자바라(바라)'라는 타악기를 치고 천수다라니를 외우면서 추는 춤을 '바라춤'이라고 합니다.

춤에 등장하는 주 악기가 바라이기 때문에 '바라춤'이라고 하는데 놋쇠로 만든 둥글넓적한 접시 모양의 바라를 양손에 들고 빠른 동작으로 전진과 후퇴, 회전을 하면서 활달하게 춥니다. 춤사위와 박자가 매우 빠르고 악기(바라)가 부딪히는 소리도 크고 경쾌합니다.

한국불교의 전통 무용의식에서는 바라춤과 함께 착복무(나비춤, 승무, 작법무)와 법고무(북춤)를 춥니다. 이러한 불교 춤은 모두 악귀를 물리치고 마음과 도량을 청정하게 하며, 부처님의 가르침을 듣고 느끼고 실천하는 데서 오는 '구도의 모습, 구도의 기쁨'을 나타내는 몸짓이라고 합니다.

바라춤은 주로 염불을 잘하는 스님들이 추는데 지금은 아쉽게도 전통 불교무용을 보기가 쉽지 않습니다. 서울의 서대문쪽에서 금화터널을 지나면 오른쪽으로 봉원사가 있는데 연락하시면 직접 볼 수 있을 것입니다.

승무(僧舞)는 우리나라의 대표적인 민속춤의 하나로 일반 여성이 스님처럼 장삼을 입고 고깔을 쓰고 추는 춤입니다. 원래는 불교 춤인데 전통무용을 하는 분들이 본격적으로 추면서 민속무용이 된 것입니다. 스님들 중에도 승무를 잘하는 분이 여러 분 있습니다. 승무가 일반인에게 널리 알려지게 된 것은 조지훈의 시 〈승무〉 때문입니다.

  얇은 사(紗) 하이얀 고깔은

  고이 접어서 나빌레라

  파르라니 깎은 머리

  박사(薄紗) 고깔에 감추오고

  두 볼에 흐르는 빛이

  정작으로 고와서 서러워라

......

복사꽃 고운 뺨에 아롱질 듯 두 방울이야

세사(世事)에 시달려도 번뇌는 별빛이라

휘어져 감기우고 다시 접어 뻗는 손이

깊은 마음 속 거룩한 합장인 양하고

......

|윤창화|

발우 · 발우공양에 대하여 알고 싶습니다

발우란 스님들께서 공양할 때 쓰는 4합으로 된 그릇으로 '바루' '바리' 또는 '바루때' '바리때' 라고도 합니다.

원래는 산스크리트어 파트라(pātra)의 중국식 표기인 발 다라(鉢多羅)의 준말로서 '발(鉢)' 이라고 했는데, '그릇' 이 라는 뜻의 '우(盂)' 가 붙어서 '발우(鉢盂)' 라고 한 것입니 다. 발우는 가사와 함께 스님들이 항상 지녀야 할 도구입니다.

발우는 크기가 순서대로 조금씩 차이가 있는 4합의 식기 (밥그릇)로 공양할 때 펴면 4개가 되지만 공양을 마친 뒤 거 두어 합하면 한 개가 됩니다.

왼쪽 앞의 제일 큰 발우에는 밥을 담고 오른쪽 앞의 발우 에는 국을 담고 왼쪽 뒤의 발우에는 여러 가지 반찬을 담고 오른쪽 뒤의 발우에는 공양 후 발우를 씻을 물을 받아 둡니다.

공양시간을 알리는 종이나 목탁 소리가 들리면 스님들은 모두 가사를 입고 큰방으로 가서 선반에 놓아둔 자기의 발우를 꺼내어 각자의 자리에 앉습니다.

그런 뒤 입승이나 찰중스님의 죽비 소리에 의해 "여래응량기 아금득부전 원공일체중 등삼륜공적"(부처님께서 제정하신 발우를 / 제가 이제 펼치니 / 원하옵건대 일체 중생은 / 삼륜이 공적함을 알아지이다)이라는 게송을 외운 뒤 발우를 펴고 국과 밥을 받습니다.

이어 반찬을 담은 상에서 먹을 만큼의 반찬을 담아 공양을 시작하고 공양이 끝나면 발우를 거두는 게송을 외운 뒤 처음

어발(御鉢)

받아 둔 물로 발우를 깨끗이 씻어 발낭(발우 싸는 자루)에 싸서 선반에 올려 둡니다.

발우공양을 할 적에는 각자가 임의대로 행동하는 것이 아니라 죽비 소리에 따라 일률적으로 행동해야 합니다. 음식은 먹을 만큼 덜어서 먹어야 하고 절대 남기거나 버려서는 안 됩니다. 또 공양중에는 수저소리나 국 마시는 소리 등 그 어떤 소리도 내서는 안 되며 맨 나중 발우를 씻은 천수물은 처음 받았을 때처럼 깨끗해야지 고춧가루 하나라도 있어서는 안 됩니다.

약 30분 가량이 소요되는 발우공양 시간은 그야말로 조용하고 품위와 격식이 있으며 청결하면서 한 톨의 밥알도 버리지 않는 합리적인 식사법입니다. 어디에서도 볼 수 없는 사찰만의 좋은 식사문화입니다.

발우의 종류로는 흙으로 만든 와발(瓦鉢), 철로 만든 철발(鐵鉢), 나무로 만든 목발(木鉢) 등이 있습니다.

발우를 흔히 '바루' '바루때' '바리' '바리때' 라고도 하는데 모두 '발우' 의 음이 와전된 것으로 '때' 자를 붙인 '바루때' '바리때' 는 비속어입니다. 사용하지 말아야 할 것입니다. |윤창화|

방생은 왜 합니까

방생(放生)은 '살아 있는 생명을 놓아 준다' '풀어 준다' '해방시켜 준다' 는 뜻이지만, 바꾸어 말하면 '강자에게 잡혀서 죽을 생명을 살려 준다' 는 뜻이 되기도 합니다. 오히려 뒷말이 더 이해하기 좋을 것입니다.

불교의 대표적인 사상 가운데 하나가 '자비(慈悲: 사랑, 인자함)' 입니다. 자비를 실천하자면 그 무엇보다도 살생을 하지 말아야 합니다. 그런데 살생을 하지 않는다는 것은 자비정신에서 보면 좀 소극적이지요. 적극적으로 자비를 실천하는 길은 죽게 된 목숨을 살 수 있도록 도와 주는 것입니다. 살아 있는 생명은 그 어떤 생명이든 모두 존귀하다는 것이 불교의 입장입니다.

흔히 우리는 사람을 죽이는 행위는 정말 '살생'에 속하고, 소나 말 돼지 같은 짐승을 죽이는 것은 살생에 속하지 않는 것처럼 생각하기가 쉽습니다. 벌레나 미물 같은 경우에 있어서는 더더욱 대수롭지 않게 여깁니다. 물론 사람을 죽이는 것과 짐승이나 미물을 죽이는 것은 차이가 있지만 죽는 자의 입장에서 본다면 똑같은 것입니다. 입장을 바꾸어 놓고 생각해 볼 필요가 있습니다.

살아 있는 목숨을 죽이지 말라는 것은 비단 불교뿐만 아니라 일반 사회에서도 인자한 사람은 개미 한 마리도 죽이는 것을 꺼려하지요. 살아 있는 생명도 함부로 죽이지 않아야겠지만 가능한 죽을 처지에 놓인 생명을 살려 주는 지혜와 실천이 필요합니다. 이것이 불교에서 말하는 자비입니다.

그런데 요즘엔 외래종 물고기나 자라를 방생하여 토종 물고기가 전멸한다고 합니다. **│윤창화│**

방장스님 · 조실스님은 어떤 분입니까

총림의 최고 어른 스님을 '방장(方丈)'이라 하고 기타 선원이나 큰절의 최고 어른 스님을 '조실(祖室)'이라고 합니다.

총림은 참선을 전문적으로 하는 선원, 경전을 전문적으로 공부하는 강원, 계율을 전문적으로 하는 율원, 이렇게 세 곳이 모두 갖추어진 큰 사찰을 가리키는데 현재 우리나라에는 해인사 · 송광사 · 수덕사 · 통도사 · 백양사를 총림이라고 부르고 여기의 최고 어른을 '방장스님'이라고 부릅니다.

방장과 조실스님은 행정적인 실권은 갖지 않으나 중요한 일은 언제나 이 분들의 자문을 받아 처리합니다. 그리고 한 사찰의 상징적인 최고 어른으로서 많은 대중들을 훈도하며 기강을 세우고 각종 행사와 해제와 결제 때, 법문을 통하여 불제자들을 이끌어 가는 지대한 역할을 합니다.

방장은 방장실의 넓이가 사방(方) 일장(一丈), 즉 사방 3미터라는 데서 유래한 말입니다. 이것이 훗날 총림의 최고 어른을 가리키는 말이 되었습니다. 사방 3미터라면 아주 작은 방입니다.

조실(祖室)은 조당(祖堂)과 같은 말로서 훌륭한 스승인 조사선지식(祖師善知識)이 거처하는 방이라는 뜻입니다. 이 역시 큰 사찰의 최고 어른을 가리키는 말로서 방장과 비교하여 법력이나 덕망, 또는 인격의 차이가 있는 것은 전혀 아닙니다.

조실을 '주실(籌室)'이라고도 합니다. '주실'이라는 말은 인도불교의 제4조 우바국다존자가 가장 많이 사람들을 깨닫게 하였는데, 그때마다 산가지(籌: 대나무 쪽) 하나씩을 석실(石室)에 넣었다는 고사에서 나온 말입니다.

1933년에 발행된 《선원(禪苑)》이라고 하는 불교잡지에 보면 전국선원방함록(직책과 소임자 명단)이 소개되어 있습니다. 거기에는 '조실'이라는 직함 대신 모두 '주실(籌室)'이라고 적혀 있는 것을 보면 '조실'이라는 말이 본격적으로 사용되기 시작한 것은 해방 이후인 듯합니다. **|윤창화|**

백팔번뇌란 무엇입니까

　백팔번뇌는 대중가요의 가사에도 쓰일 정도로 불자가 아닌 사람들에게도 익숙한 말입니다. 또한 불교에서는 108배, 108 염주, 108삼매, 108계단 등 108이라는 숫자를 많이 씁니다.

　불교에서 말하는 번뇌란 희로애락 등 인간적인 감정들을 모두 번뇌라고 합니다. 현재의 일에 대하여 근심 걱정하는 것은 물론 과거의 일에 대하여 후회 또는 집착하는 것, 그리고 10년 20년 이후의 일을 너무 걱정하는 것, 불안감 등도 모두 번뇌입니다. 이런 것들은 모두가 우리의 마음과 정신을 산란케 하여 해탈로 가는 길을 막고 있기 때문입니다.

　백팔번뇌란 중생들이 일으키는 번뇌를 크게 108가지로 분류한 것입니다. 108번뇌에 대한 산출법은 세 가지인데 그 중

일반적으로 많이 쓰는 산출법은 다음과 같습니다.

우리 인간에게는 안·이·비·설·신·의(眼耳鼻舌身意) 즉, 눈·귀·코·혀·육체·생각 등 여섯 가지 감각기관이 있습니다. 이것을 6근(六根)이라고 합니다. 이 여섯 가지 감각기관이 그 대상 즉 6진(六塵)인 색깔·소리·냄새·맛·감촉·물질을 만나면 '좋다' '나쁘다' '좋지도 않고 나쁘지도 않다' 라는 판단을 내립니다.

'좋다' '나쁘다' '좋지도 않고 나쁘지도 않다' 는 세 가지 판단을 내리기 때문에 6×3=18번뇌가 되고, 또한 6진에 대하여 '괴롭다' '즐겁다' '즐겁지도 괴롭지도 않다' 라는 세 가지 감정을 일으키기 때문에 다시 6×3=18를 더하여 36번뇌가 됩니다. 그리고 이 36번뇌에는 과거·현재·미래의 삼세가 있기 때문에 36×3=108번뇌가 되는 것입니다.

번뇌란 '집착(클레샤, kleśa)'을 뜻합니다. 우리는 자신과 타인에 대해 집착하고, 소유물에 집착하고, 덧없는 것들을 영원한 것처럼 여기고 집착하기 때문에 우리의 마음은 오염되고 인생과 세계에 대해서 바른 지각을 할 수 없게 됩니다. 때문에 우리는 오늘도 108번뇌와 함께 살아가는 것입니다.

|일지|

법당과 대웅전은 같습니까, 다릅니까

　석가모니불이나 아미타불 등 그 사찰의 본존불(本尊佛, 主
尊佛: 주로 모시는 부처님)을 모시고 조석으로 예불드리며 설
법하는 곳을 우리나라에선 통칭하여 '법당(法堂)'이라고 합
니다.

　대웅전 · 대웅보전 · 비로전 · 대적광전 · 무량수전 · 미타
전 등 부처님을 모신 곳이라면 모두 '법당'이라고 하지만,
산신각과 칠성각 등은 법당이라 하지 않습니다. 다만 사찰에
따라선 관세음보살이나 지장보살을 주존(主尊)으로 모시는
곳도 많은데 이 경우도 법당이라고 합니다.

　대웅전(大雄殿)은 '큰 영웅을 모신 곳'이라는 뜻으로, 즉
석가모니부처님을 모신 집을 '대웅전'이라 하며 대웅보전도

단지 '보(寶)'라는 글자가 더 들어갔을 뿐으로 뜻은 같습니다.

　법당은 원래 대중들(스님이나 신도)이 모여 큰스님으로부터 설법을 듣는 설법당(說法堂: 설법하는 집), 또는 '강당(講堂)'을 가리키는 말로서, 부처님을 모신 불전(佛殿, 佛堂: 대웅전·무량수전·비로전 등)과는 엄연히 다릅니다. 그러나 현재 우리나라에서는 구분하지 않고 모두 '법당'이라고 합니다. 아마 부처님을 모신 불당에서 설법도 하다 보니 혼용하여 쓴 듯합니다.

　부처님을 모신 우리나라 법당의 규모는 보통 작으면 3칸, 크면 5칸, 7칸인데 항상 홀수로 짓습니다. 짝수 건물보다는 안정감이 있기 때문입니다.

　또 법당은 항상 다른 건물보다 높게 도량의 중심에 짓습니다. 건물의 보존과 장식을 위하여 단청을 하는 곳도 있고 하지 않는 곳도 있는데 특별한 이유가 있는 것은 아닙니다.

|윤창화|

법문을 마치면서 왜
'할(억)' 하고 큰 소리를 냅니까

어느 날 경상도 보살님 한 분이 찾아와서 물었습니다.

"글쎄요 지가요 얼마 전, 모 사찰의 법회에 갔는데 큰스님께서 법상에 올라가시더니 갑자기 주장자를 세 번 치셔서 그만 깜짝 놀랬십니더. 그런데 얼마 후 법문을 마치시는 듯 싶더니 또 그만 갑자기 '할' 하고 소리를 지르시는 바람에 가슴이 두근거려 혼났습니더. 왜 그러시는 겁니껴."

벌써 20년이나 지난 옛 이야기이지만 저는 그때 그만 웃음이 나서 한동안 대답을 못했습니다.

'할'은 주로 제자나 상대방이 번뇌망상에 빠져 있을 때 소리를 질러서 각성시키게 하는 역할을 합니다. 말하자면 교육적인 역할입니다.

또 '할'은 "깨달음이란 무엇인가" "무엇이 부처(진리)인가"라는 식의 질문받으면 이론적인 대답 대신 가슴 철렁할 정도로 "할" 하고 소리를 질렀는데 그 소리에 깨닫는 경우도 있습니다. 이것이 점차 발전하여 하나의 격식이 되었지만 그 소리는 단순한 소리가 아니라 고정 관념에 막혀 있는 생각을 열어 주는 역할을 합니다.

'할'을 가장 잘 쓰신 분은 중국의 선승 임제(?~867) 스님입니다. 그는 "무엇이 부처(진리)냐"고 물으면 "할" 하고 벼락 같은 소리를 질러서 선승들을 깨달음으로 인도했기 때문에 '임제할(喝)'이라는 고사도 생겼습니다.

또 덕산(德山) 스님이라는 분은 '방(棒, 몽둥이)'을 잘 써서 수행자를 가르쳤다고 합니다.

덕산스님의 '방망이 소리'와 임제스님의 '할 소리'는 막힌 우리들의 생각을 뚫어 주는 역할을 합니다. 단순한 격식만은 아닙니다. **│윤창화│**

법회란 무슨 말입니까

　불교계에서 발행되는 여러 신문이나 또는 불교방송을 청취하면 "○○○대법회가 열리므로 꼭 동참하십시오"라는 안내 말이나 문구를 본 적이 있을 것입니다. 또는 사찰에 가면 입구나 대웅전(법당)에 큰 글씨로 "○○기도 회향법회" "○○ 큰스님 초청 대법회"라고 쓴 현수막도 보신 적이 있을 것입니다.

　불교에서는 큰스님을 초청하여 법문을 듣는 일을 비롯하여 백일기도 입재 및 회향 등 공식적인 모든 행사를 '법회(法會)'라고 합니다.

　'법회(法會)'란 '부처님 법' 즉 '부처님의 가르침을 펴는 집회'라는 뜻으로, 일반적으로 불교교리에 대한 설법을 행하는 모임을 비롯하여 불교에서 거행되는 모든 행사와 집회를 '법회'라고 합니다. 즉 '설법을 듣는 모임' '부처님 가르침을 듣고 배우는 모임'이라는 뜻입니다.

예컨대 '금강경 대법회' '화엄경 대법회' '법화경 대법회' 등 경전 이름이 들어간 경우엔 해당 경전을 강의하는 집회라는 뜻입니다.

신라시대나 고려시대에는 국가적 차원에서 법회가 많이 열렸습니다. 국가에서 주관하는 것이므로 대규모 법회가 개최되었는데, 그 대표적인 것이 '연등회' '팔관회' '인왕대법회' 등입니다. **|윤창화|**

보살은 어떤 분입니까

보살은 "위로는 부처님의 진리를 구하고 아래로는 중생을 교화(上求菩提 下化衆生)"하는 대승불교의 이상적 인간상으로서 중생 속에 살며 지혜와 자비를 실천하는 구도자를 말합니다.

보살이라는 명칭은 범어 보디삿뜨바(Bodhisattva)를 한자로 적은 말로 '깨달음을 실천하는 사람(覺有情)'이며 '불도의 문을 열어 보이는 사람(開士)'입니다.

현재 우리나라에서는 절에 다니는 여성 신도들을 보살이라고 부릅니다. 언제부터 여성 신도들을 '보살님'이라고 부르게 되었는지는 분명하지 않지만 엄밀한 의미에서 보살은 아무에게나 붙여질 수 있는 명칭이 아닙니다. 보살은 반드시 깨달음을 구하고자 하는 마음(菩提心)을 가져야 합니다. 불교에서는 이것을 '발보리심(發菩提心)' 또는 줄여서 '발심(發心)'이라고 합니다.

우리는 보통 불교에 대해서 관심을 갖고 있거나 불교에 관한 책을 읽고 강좌를 들으면서도 "아, 그렇구나!"라고 고개를 끄덕일 뿐, 깨달음을 구하고자 하는 마음(보리심)을 내지는 않습니다. 불교의 가르침을 이해하는 데 만족할 뿐 불교의 가르침을 탐구하고 실천하여 일체중생을 위해 헌신하겠다는 강렬한 염원이나 의지는 내지 않는 것입니다. 그만큼 보리심을 내기 어려운 것입니다.

그러므로 보리심은 불도를 수행하는 인간으로서의 성실한 의지를 가리키며 일종의 '회심(回心)'이라고 할 수 있습니다. 지금까지 세간적인 것에만 몰두해 있던 자신의 존재를 깨달음의 실현, 보살도의 실천으로 돌리는 것입니다.

대표적인 보살로서는 자비를 상징하는 관세음보살, 지혜를 상징하는 문수보살, 지옥 중생을 제도하시는 지장보살, 실천을 상징하는 보현보살, 미래의 부처님으로서 보살도를 닦고 있는 미륵보살 등 수많은 보살이 있습니다.

관세음보살의 자비는 《묘법연화경》〈관세음보살보문품〉

등에서 설해지며, 문수보살의 지혜는 《반야경》 《화엄경》 등에서, 지옥 중생을 남김없이 구제하리라는 지장보살의 서원은 《지장경》에서, 미래의 희망을 상징하는 미륵보살은 《미륵삼부경》에서, 보현보살의 행원(行願)은 《화엄경》 〈보현행원품〉 등에서, 아픈 이들에게 약(藥)을 베푸는 약왕보살의 공덕은 《약사경》에서, 염불을 상징하는 대세지보살은 《아미타경》 등에서 설해집니다. ❙일지❙

여성 신도를 왜 '보살님'이라고 부릅니까

보살(菩薩)은 보리살타(菩提薩埵)의 준말로 '깨달음을 추구하는 한편 중생제도에 힘쓰는 분' 또는 '진리를 추구하기 위하여 열심히 수행하는 자'를 가리키는 말입니다.

불교 교리상에서 본다면 보살은 깨달음의 경지가 부처님 다음 가는 위치에 있는 분을 가리키는 존칭이기도 합니다. 관세음보살·보현보살, 이런 분들이 바로 그런 분들입니다. 불교 역사상 위대한 인물에 대한 존칭으로서 '보살'이라고 부른 분은 용수(龍樹)와 세친(世親) 두 고승이었습니다. 간혹 중국 일본에서도 훌륭한 고승에 대하여 국가에서 '보살'이라는 호칭을 내리는 경우도 있었습니다.

이와 같이 보살은 대단한 존칭입니다. 그런데 이처럼 대단한 존칭을 언제부터 평범한 여성 신도들을 지칭하는 말로 사용하게 되었는지 자못 의아해하지 않을 수 없습니다. 여성 불자를 보살님으로 부르는 예는 우리나라에만 있을 뿐 다른 나라에서는 찾아 볼 수가 없습니다. 여기에 몇 가지 설이 있습니다.

첫째, 1950년대 중반 정화 때(대처측과 비구측의 분쟁)에 여성 신도들의 힘과 열성이 대단했는데, 비구측은 그들의 역할을 높이 평가하여 '보사님(保寺, 사찰을 보호하는 이)'으로 부르자는 논의가 있은 이후 그들의 호칭을 '보사님'으로 부르게 되었고 이것이 '보살님'으로 와전되었다는 것입니다.

둘째, 보살님이라는 말은 일제 때 또는 해방 이후에 나온 말로서, 몇몇 큰스님들께서 여성 신도들에게 보살계를 주기 시작했는데, 그 이후 보살계를 받은 신도들에 한해서 '보살님'이라고 부르게 되었다는 것입니다.

위의 설을 확인하고자 1931년에 입산했던 설산스님과 1940년대에 입산하신 광우스님께 문의한 결과 그 당시에도 이미 '보살' '보살님'이라고 불렀답니다. 다만 설산스님의 말씀에서 한 가지 참고할 것은 보살계를 받은 신도만 보살님으로 불렀다는 것입니다. 그런데 여성 신도들에게 보살계를 주기 시작한 것은 언제부터인지는 아직 알 만한 자료는 없습니다. 다만 역사적으로 여성이 아닌 왕(남성)으로서 보살계를 받은 예는 고려시대에도 많았습니다.

셋째의 설로 "자비와 사랑을 상징하는 '관세음보살이나 지장보살처럼 되라' 는 뜻에서 보살님이라고 부르게 되었다" 또는 "관세음보살을 비롯한 여러 보살상이 여성의 모습을 하고 있는데, 부드럽고 따뜻한 여성상과 합치되므로 그렇게 부르게 되었다" 는 설이 있습니다.

또는 승복 색의 바지를 입고 절에 다니면서 스님들과 함께 결제(안거)를 했던 나이든 여성 신도를 노보살 또는 보살님이라고 불렀는데, 이것이 점점 평준화 과정을 거쳐서 노소를 따지지 않고 여성 신도들을 일컫는 일반적인 호칭으로 정착되었다는 설도 있습니다.

북한에서 나온 《현대조선말사전》에는 "① 불교에서 부처 다음 가는 성인 ② 불교를 믿는 늙은 여자"라고 되어 있고, 또 《한국소설어사전》에서는 "불교를 살뜰이 믿는 나이든 여신도를 보살할미라고 한다"고 되어 있습니다.

이렇게 본다면 여성 신도를 보살님으로 부르기 시작한 것은 최소한 조선시대까지 거슬러 올라가야 할 것 같습니다.

수많은 불교경전에서 그려지고 있는 보살의 모습은 한결같이 보시(희사)정신입니다. 남자보다는 월등히 절을 많이 찾아 시주와 보시를 하는 여성의 모습이 경전의 보살정신과 합치되어 '보살 같은 분'이라는 의미에서 쓰기 시작한 것은 아닌지 여러 가지 설을 가정해 둡니다.

그렇다면 '보살님' 이전에는 무어라고 불렀는지 자세히 알 수 없지만 그냥 남녀 구별 없이 '신도님' 정도로 불렀다고 봅니다. 그 이유는 여성 신도에게 보살님이라는 호칭을 사용했다면 당연히 남성 신도들에게도 무언가 그 비슷한 어떤 말을 썼어야 한다고 봅니다.(참고로 처사님, 거사님은 '세파에 휩쓸려 살지 않고 초야에 묻혀 조용히 사는 선비를 가리키는 용어로 불교용어가 아닌 유가, 도가에서 사용하던 용어입니다.)

참고로 경전이나 문헌에서는 여성 불자를 '우바이' '청신녀' 등으로 쓰고 있으나, 실제 호칭으로는 사용되지 않은 것 같습니다. **┃윤창화┃**

보시·법보시는 무슨 뜻입니까

　자비심으로 남에게 조건 없이 물건을 주는 것(희사)을 '보시(布施: 베풀다)'라고 합니다.

　보시에는 세 가지가 있는데 재보시·법보시·무외시가 그것입니다. 재보시(財布施)는 물건이나 금전적인 보시를 말하며, 법보시(法布施)는 훌륭한 말씀(법문)이나 경전 또는 책을 보시하는 것을 말하며(이것을 '법공양'이라고도 함), 무외시(無畏施)는 상대방의 마음을 편안하게 해 주고(두려움을 제거해 주고) 용기를 심어주는 것을 말합니다.

　보시는 불교의 여러 가지 덕목 가운데에서도 가장 으뜸으로 치는 덕목입니다. 보살의 여섯 가지 훌륭한 실천(육바라밀) 가운데 보시를 첫머리에 둔 것은 보시를 통해 자신의 탐욕과 집착에서 벗어나 불도를 이루는 데 보탬이 되고자 함이고, 남을 돕는 아름다운 실천행을 길러 주기 위한 것입니다.

타인에게 희사한다는 것은 우선 그 사람의 마음이 순수하고 착해야 합니다. 무언가 장래 이용할 만한 가치가 있다는 생각에서 보시를 한다거나 언젠가는 보답을 받게 될 것이라는 생각을 저변에 깔고서 보시하는 것은 진정한 보시, 순수한 보시가 아닙니다. 그것은 사악한 마음에서 나온 악시(惡施), 언젠가는 인간관계를 구렁텅이로 몰고 가는 요인이 됩니다.

남을 돕거나 희사할 적엔 그야말로 순수해야 하고 바라는 마음이 없어야 합니다. 마치 어머니가 자식을 기르듯 말입니다. 이것을 무주상보시(無住相布施: 보시했다는 의식이 없는 보시)라고 합니다. 아무것도 바라지 않는 마음은 물론 쉽지 않겠지요. 하지만 순수한 본래 의미를 살리도록 노력해야 합니다. 요즘 같은 사회에서 이런 마음을 갖고 보시하는 사람들이 몇 명이나 될지 모르겠습니다만. 순수한 희사, 순수한 보시를…… |윤창화|

부도는 왜 세웁니까

　우리는 절에 가면 여러 스님들의 부도(浮屠)를 볼 수 있습니다. 부도란 붓다 스투파(buddha-Stūpa, 불탑)라는 범어가 중국의 한문으로 전해지면서 만들어진 말입니다.

　즉 원래는 부처님의 사리(舍利)를 봉안한 불탑을 의미하는 말이었지만 점차 고승들의 사리를 봉안한 탑도 '부도'라고 부르게 되었습니다.

　우리나라 절에는 신라, 고려, 조선시대에 이르는 기간 스님들의 부도가 많이 남아 있습니다. 그 부도들을 통해서 스님들이 걸었던 수행자의 길을 알 수 있으며 이끼가 끼고 오래된 부도가 있는 절일수록 오랜 역사를 갖고 있는 것을 알 수 있습니다.

우리나라 불교는 많은 문화재를 보존하고 있습니다. 그 가운데 부도는 옛 선조들이 남긴 석조미술의 높은 경지를 보여주는 소중한 보물·국보이기도 합니다. 지금도 많은 부도가 전국의 절에 봉안되어 있고 일부는 중앙박물관의 뜰이나 이미 절터만 남아 있는 사지(寺址)를 지키고 있는 부도들도 있습니다. 그 가운데 가장 유명한 부도들은 염거화상탑(국보 104호), 쌍봉사철감선사탑(국보 57호), 연곡사동부도(국보 53호), 연곡사북부도(국보 54호) 등 수십기의 부도가 국보와 보물로 지정되어 있습니다.

고려시대의 부도는 주로 팔각원당형 부도로서 신라시대 양식을 따르고 있고, 조선시대 부도는 대부분 석종형 부도입니다. 옛 스님들의 삶과 죽음이 담긴 부도, 지금은 이끼가 끼고 부도에 새겨진 이름마저 희미해져 가고 있습니다. 그러나 이런 부도야말로 새롭고 찬란하게 지은 어떤 건물보다도 가장 소중한 문화재입니다. ▮일지▮

부전·지전·노전스님은 무엇이 다릅니까

　제가 아주 어렸을 적부터 우리 집과 여러 가지 인연으로 가끔 왕래하시는 스님 한 분이 계셨습니다. 집에서는 스님을 '노전스님'이라고 불렀고 저 역시 이름이 노전스님인 줄로만 알았습니다. 선친의 인연 때문인지 훗날 그 절로 입산을 하게 되었는데 그 때도 여전히 많은 사람들은 노전스님으로 부르고 있었습니다. 법명이 대하스님이란 걸 안 것은 입산하고도 몇 년쯤 지난 뒤였지만 그때도, 그리고 스님이 입적한 지 20년이 지난 지금까지도 옛 이야기가 나오면 법명은 까맣게 잊은 채 여전히 노전스님으로 부르고 있습니다.

　약 40년 가까이 노전을 맡아서 부처님전에 기도와 염불만 하다 보니 직함이 아예 개인의 이름이 되어 버린 것입니다.

아마 절에 자주 다니는 신도님들도 이런 경우가 많을 것입니다.

부전(副殿)·지전(知殿)·노전(爐殿)스님은 이름이 아니라 직함입니다. 법당에서 부처님께 향촉(향과 촛불)을 올리며 마지·불공·염불 등 의식을 맡아 하는 스님을 가리키는 말입니다.

노전(爐殿)은 향로전(香爐殿)의 준말로 대웅전에서 부처님께 향촉과 공양을 올리며 염불과 의식을 맡아보는 스님의 숙소(香閣)를 가리키던 말인데 점차 변하여 스님의 직함이 되었습니다. 지금도 '노전채' '노전스님'이라고 하여 향각의 이름과 직함으로 같이 쓰는 경우가 많습니다.

지전(知殿)은 주로 선원(선방)에서 쓰는 말로 맡은 일은 역시 노전과 같습니다. 지전(知殿)을 동음이자인 지전(持殿)이라고도 씁니다.

부전은 한자로 부전(副殿)인데 간혹 부존(副尊, 扶尊), 부전(扶殿, 扶典)으로도 쓰는 경우가 있으나 이는 잘못입니다. 부전스님의 역할도 노전·지전과 같습니다. 부전이라는 말은 우리나라에서만 쓰는 말입니다.

그런데 어떤 연유로 부전(副殿)이라는 말을 새로 만들어

쓰게 되었는지 궁금합니다. 노전(爐殿)이나 지전스님이 혼자서 불공·기도·법당 관리 등 모든 일을 하다 보니 일손이 모자라서 노전·지전스님을 보좌한다는 뜻에서 '부(副)' 자를 넣어 부전으로 부르게 된 것은 아닌지.

큰절에는 대웅전을 맡고 있는 노전스님 밑에 지전이나 부전을 두어 관음전 등 작은 전각을 맡게 하거나 노전스님의 일을 돕게 하였습니다. **|윤창화|**

부처님은 어떤 분이고 몇 분이나 됩니까

'부처님(佛)'이란 '진리를 깨달으신 분', 즉 '각자(覺者)'라는 뜻입니다. 따라서 진리를 깨달은 분(부처님)은 석가모니 부처님 외에도 많은 부처님이 계십니다.

여기서는 우리가 익히 알고 있는 석가모니불·아미타불·미륵불·약사여래불에 대해서만 간략히 말씀드리겠습니다.

1) 석가모니불

석가모니 부처님은 지금부터 약 2,500년 전에 인도 카필라국에서 왕자로 태어나셨습니다. 수행자가 되어 온갖 고행을 거친 다음 인도의 보디가야 보리수 밑에서 깨달음을 얻으신 다음 49년 동안 중생교화를 하시다가 인도의 쿠시나가라에서 입멸(入滅)하셨습니다.

'석가모니불' 이란 '석가족 출신 성자(모니, muni)인 부처' 라는 뜻입니다. 이 분을 통해서 우리는 '부처님이란 생명의 원천' 이라는 걸 알게 되었습니다. 저 영원불변한 진리가 구체적인 인간의 몸으로 이 세상에 오셨는데 그가 바로 석가모니 부처님입니다. 그러므로 이 분이야말로 우리와 가장 가까운 분이며 이 분을 통하지 않고는 저 영원한 진리에 도달할 수 없습니다.

2) 아미타불

아미타불은 극락세계를 창조하신 극락세계의 주인입니다. 극락세계란 고통과 고뇌가 없는 법열(法悅)의 세계입니다. 이 극락세계에 가서 태어나기만 한다면 다시는 이 고통과 고뇌로 가득 찬 인간세상으로 되돌아오지 않는다고 합니다. 이 극락세계에 태어나려면 어떻게 해야만 하느냐고 묻는다면 답은 간단합니다.

생전에 착한 일을 많이 하고 남을 도우며 지성으로 '나무아미타불' 을 부르면 됩니다. 이것이 어렵다면 임종 때 단 열

번만 '나무아미타불'을 부르든가 마음 속으로 생각하기만
하면 된다고 합니다.

3) 미륵불

앞으로 56억 7천만 년 후에 이 세상에 오셔서 중생을 구제
하신다는 미래의 부처님, 그가 바로 '미륵부처님'입니다. 그
런데 성급한 이상주의자들이나 신흥종교의 창시자들은 곧잘
자신이 미륵불이라고 떠들어대곤 합니다.

4) 약사여래불

병고에 시달리는 중생들이 지성으로 이 '약사여래불'께
기도하면 병이 낫는다고 합니다. 말하자면 '의사 부처님'인
셈이지요. 그렇다고 병이 낫는 데 약도 써보지 않고 성급하
게 약사여래불께 매달리는 것은 현명하지 못합니다. 일단 병
원에 가서 정확한 진찰을 하고 치료를 한 다음 하다가 하다
가 인간의 힘으로 안 될 때는 약사여래 부처님께 기도하라는
것입니다. 이 순서를 잊지 마시기 바랍니다. **|석지현|**

누구나 부처님이 될 수 있다는 말은
무슨 뜻입니까

'부처' 또는 '부처님'이란 '깨달은 분'이라는 뜻입니다. 즉 번뇌와 고통의 원인이 무엇인지, 무지와 미망이 무엇인지 깨달았다는 뜻입니다. 이것을 불교에서는 "깨달았다" "해탈했다" "성불했다" 또는 "부처가 되었다" 등으로 표현합니다.

즉 번뇌와 무지 그리고 고통으로부터 벗어난 상태가 깨달은 것이고, 깨달으면 누구나 다 "부처가 되었다" 또는 "부처님처럼 되었다"고 하는 것입니다.

이와 같이 불교에서는 인간이라면 누구나 다 기본적으로 깨달음을 얻을 수 있고 부처님처럼 될 수 있다고 가르칩니다. 그렇다고 아무런 노력 없이도 될 수 있다는 것은 아닙니다. 열심히 노력(수행)하여 깨달은 사람에 한해서 부처가 될 수 있고 부처님처럼 될 수 있다는 것입니다.

반면 기독교나 가톨릭 등 다른 종교에서는 아무리 노력해도 절대 하느님이나 예수님 같은 분이 될 수 없다고 합니다. 이것이 불교와 여타 종교와 큰 차이점이기도 합니다.

사실 이 말은 비유하면 "누구든지 노력하면 다 대통령이 될 수 있다"는 것과 같은 말로서 만인은 누구나 다 평등하다는 사실을 가르치고 있는 말입니다. 그렇다면 여러분들은 무엇이 되고 싶습니까? 부처님의 가르침을 실천하여 부처님과 같은 성인이나 깨달은 분이 되고 싶습니까? 아니면 날마다 고통 속에서 힘겹게 살아가는 인생이 되고 싶습니까?

부처님처럼 되는 길은 오직 지나친 욕망으로부터 벗어나는 것입니다. 물론 현실의 삶을 살아가자면 욕심과 욕망이 전혀 없을 수는 없지만 지나친 욕망은 불만과 자학, 괴로움을 낳습니다. 이성에 대한 욕망, 돈에 대한 욕망, 사치와 허영, 명예욕 등 갖가지 욕망에서 벗어나야 합니다. 무지와 욕망으로부터 깨어나는 것, 그것이 깨달음이고 해탈이며, 부처가 되는 길입니다. **|윤창화|**

부처님께 음식은 왜 올립니까

고대에는 인간이 신에게 기원을 하거나 속죄를 할 경우 주로 양이나 소 등 짐승을 바쳤습니다. 이것을 '희생제'라 하는데 희생제는 인도는 물론 고대사회에는 어느 나라든 다 있었습니다. 특히 구약성서에는 '속죄양' 이야기가 자주 나오는데 이는 '자신의 죄를 양이 대신 짊어지고 희생된 것'을 말합니다.

지금도 네팔의 다킨깔리 사원에 가면 일주일에 두 번씩 '동물 희생제'가 치러집니다. 사람들은 저마다 자기가 키우는 짐승을 한 마리씩 끌고 와서는 깔리 여신상 앞에서 희생제를 올립니다.

그러나 불교에서는 근본적으로 살생을 금합니다. 또 부처님께서는 인도 고대의 희생제를 대단히 비판했습니다. 초기 경전인 《숫타니파타》에 보면 희생제(번제)를 비판하는 곳이 여러 곳 있습니다.

또 불교에서 중시하는 5계 가운데 첫째가 "살아 있는 생명을 죽이지 말라"는 것입니다. 생명을 죽이는 것은 생명의 존엄성을 무시하는 행동이며, 자비심의 결여이고 평등에서 어긋나는 것입니다. 그러므로 불교에서는 고대 사회와 같은 희생제는 용납되지 않습니다. 부처님의 불살생 정신과 어긋나기 때문입니다. 그 대신 채소·과일 등 음식을 올리는 것입니다.

불자들이 부처님께 여러 가지 음식을 올리는 것은 바로 자신이 존경하는 부처님께 공양을 올리는 것입니다. 공양은 보시이고 자비이고 또 정성을 상징하는 것입니다. 우리가 집안의 어른이나 자신이 존경하는 분을 배알할 때, 귀한 음식이나 물건을 올리는 것과 같다고 보면 됩니다. 부처님께 올리는 귀한 음식물을 통하여 자신의 소원을 기원하는 것입니다. 자신의 바라는 바가 속히 이루어지기를 염원하는 것이지요.

|윤창화|

부처님 앞에 향을 피우는 이유는 무엇입니까

부처님 앞에 향을 피우는 것은 그윽한 향기를 부처님께 올리기(공양) 위해서입니다. 그 외에도 향을 피우는 데에는 다음의 두 가지 뜻이 있습니다.

첫째, 정화작용을 합니다. 향을 피우게 되면 나쁜 냄새나 좋지 못한 냄새가 사라집니다. 모든 악취가 깨끗이 정화되는 셈이지요. 그래서 예부터 향을 피웠습니다.

둘째, 기원(祈願)의 상징입니다. 부처님께 자신의 소원을 빌 때도 향을 피웁니다. 향을 피워서 그 아름다운 향기에 자신의 소원을 실어서 부처님께 올리는 것입니다.

향은 자신을 태움으로써 향기를 내뿜습니다. 그것은 향 자신의 입장에서 본다면 완전한 희생입니다. 그러나 이 완전한 자기희생을 통하여 많은 사람들이 즐거움을 얻습니다.

우리 불자들의 삶도 언젠가는 이 향처럼 되어야 합니다. 지금 당장은 어렵다 하더라도 타인을 위하는 마음이 있어야 합니다. 우리가 지금 이렇게나마 부처님의 가르침을 만날 수 있었던 것은 먼저 가신 선배님들의 향과 같은 자기희생을 통해서입니다. 그 분들의 희생정신이 있었기에 불법의 등불은 꺼지지 않고 이어져 내려와 내 마음에까지 불을 밝혀 준 것입니다.

한 줄기 향을 사르오니

당신을 향하는 마음이여, 내 마음이여

누리 이 누리 구석까지 뻗어 나가라

하늘에서 땅의 끝까지……

─《석문의범》

| 석지현 |

부처님 오신 날 등을 켜는 이유는 무엇입니까

해마다 음력 4월 8일이 되면 저마다 소원을 가득 담은 등을 답니다. 등에는 연꽃으로 만든 연등(蓮燈), 삼베로 만든 베등(布燈), 수박등, 마늘등, 팔모등, 주름등 등등……. 뿐만 아니라 사찰의 각종 행사 때에도 종종 등을 답니다.

등을 달아서 불을 밝히는 까닭은 어둠을 밝히자는 데 있습니다. 캄캄한 현실의 어둠과 지나친 욕망으로 스스로를 결박하고 있는 마음의 어둠이지요. 물욕·허영·사치·분노·질투·애착·번민 등등. 이런 것들이 모두가 우리를 어둠으로 안내하는 것들입니다.

등불은 진리에 비유됩니다. 《대반야경》에는 "부처님 말씀은 마치 등불이 빛을 밝히는 것과 같다"고 하고, 《보살장경》

에는 "수백 수천 개의 등불을 밝혀서 죄를 참회하게 한다"고 하여 등불은 미망의 어둠을 밝히는 지혜의 빛으로 묘사하고 있습니다.

불교에서 등불을 밝히는 행사는 부처님 당시부터 있었습니다. 혹시 《현우경》에 나오는 '가난한 여인의 등불(貧者一燈)'이라는 애잔한 이야기를 아십니까. 제목만 보아도 가슴 찡하는 이야기입니다.

옛날 인도의 사위국이라는 나라에 '난다'라는 가난한 여인이 살고 있었습니다. 그녀는 늘 부처님께 등을 올리고 싶었지만 돈이 없었습니다. 어느 날 그는 자신이 구걸하여 모은 돈 전부를 들여 작고 초라한 등 하나를 부처님께 공양했습니다.

부자들의 크고 호사스런 등 사이로 걸려 있는 작고도 초라한 등은 여인의 가슴에 더욱더 비애의 부채를 달았습니다.

시간이 흘러 밤이 지나고 새벽이 되었습니다. 등불이 하나둘씩 꺼지기 시작하자 부자들의 화려하고 큰 등불도 모두 꺼졌습니다. 헌데 말입니다. 신기하게도 가난한 이 여인의 등만은 새벽이 밝아오도록 초롱초롱 꺼지지 않았습니다. 어째서일까요. 정성스러운 '마음의 등불'이기 때문이었습니다.

부처님께서는 이 여인을 찾아가 위로하시면서 장래에 성불할 것이라고 칭찬하셨습니다. 그 여인은 그만 감격하여 기쁨의 눈물을 흘렸겠지요. 흘렸을 것입니다. 그녀는 비록 현실은 가난했지만 착하고 깨끗한 마음을 간직한 순정의 여인이었습니다. 어때요. 이런 등을 달고 싶지 않으십니까.

등불을 켜는 연등(燃燈) 행사를 연등회(燃燈會)라고 하는데 신라, 고려시대 때부터 시작되었습니다. 특히 고려시대 정월 보름날의 정규 연등회는 백성들의 명복을 빌기 위하여 나라에서 해마다 열었고, 그 외에도 특별 연등회, 불탄일 연등회 등 많은 연등회가 있었는데 그 중에서도 부처님 오신 날 연등회는 조선시대를 거쳐 오늘날까지 전해 오고 있습니다. **|윤창화|**

부처님 머리 위에 왜 물을 붓습니까

　부처님 오신 날 행사 가운데 아기 부처님을 모셔놓고 머리 위에서부터 물을 부어서 목욕시키는 행사를 관불(灌佛) 또는 욕불(浴佛)이라고 합니다.

　관불행사는 부처님께서 탄생하실 때 제석천이 하늘에서 내려와 향수로써 몸을 깨끗이 씻어 드렸다는 설화에서 유래된 것입니다. 매년 부처님 오신 날이 되면 부처님의 탄생을 경축하기 위해 화초로 꾸민 정자나 법당 한가운데에 동(銅)으로 만든 반 위에 불상을 모신 뒤 머리 위에 향물이나 감차(甘茶)를 뿌립니다.

　이러한 의식은 꼭 불탄일 뿐만 아니라 봄이나 가을에도 했고 동남아불교권에서는 평소에도 매일같이 불상을 목욕시키는 욕불행사를 행하고 있습니다.

관불의식은 1960~1990년대까지는 그렇게 성행하지 않다가 1990년대 초부터는 부처님 오신 날의 주요행사로 자리잡게 되었는데, 이는 동남아불교의 영향을 받은 것 같습니다. |윤창화|

부처님을 왜 '부처님'이라고 부르게 되었는지요

　부처님에 대한 존칭은 나라마다 각각 다릅니다. 인도에서는 '붓다(buddha)' 또는 '고타마 붓다'라고 부르고, 중국에서는 '불(佛)' '불타(佛陀)' '부타(浮陀)' '발타(勃陀)' 등으로 부릅니다.

　그런데 우리나라에서는 '붓다'나 '불타' 대신 일반적으로 '부처님'이라고 부르고 있습니다. '부처님'은 순수한 우리말인데 왜 그렇게 부르게 되었는지 궁금합니다.

　이에 대하여 우리나라에서는 아직 구체적으로 연구된 바가 없으므로 하는 수 없이 일본 불교학자의 연구를 먼저 소개해야겠습니다.

　1930년대 한국에 있으면서 주로 한국불교에 대하여 연구

했던 에다 도시오(江田俊雄, 1893~1957)는 그의 논문 〈호도게(ほとけ)와 테라(テラ)의 어원〉(《現代佛敎》 115호, 소화 9년, 서기 1934년)에서 "일본어의 '호도게(ほとけ: 佛)'와 '테라(テラ: 寺)' 그리고 한국어의 '부처(佛)'와 '절(사찰)'의 어원에 대하여 많은 학설이 제시되었으나 아직까지도 공인할 만한 정설이 없다"면서 그간 대두되었던 여러 가지 설을 자세히 소개했고 자신의 견해도 피력했습니다.

여러 가지 설 중에 많은 학자들은 '호도게'와 '테라'의 어원을 고대 한국어에서 찾는 것이 바람직하다는 견해이고 에다 도시오도 같은 견해를 제시했습니다.

첫째, 일본어 '호도게'의 '호도'는 인도말 붓다의 음역에서 나왔는데 이는 고대 한국어의 부도(浮圖)에 일본어 접미사 '게(ヶ)'가 붙어서 전래된 듯하다.

둘째, 한국어 '부처'는 고려초 균여의 〈보현십원가〉에 보면 '불(佛)'을 '불체(佛體: 부텨)'라고 하였는데 불체(佛體)는 불타(佛陀) 또는 부도(浮屠)에서 온 말로 이 '부텨(불체: 佛體)'가 바로 지금 한국어의 '부처'의 어원일 것이라는 견해입니다.

'불체(佛體)'란 '부처님의 몸(佛身)' 또는 '불상(佛像)'

을 가리키는데 이 '부텨'가 '부처'의 어원이라는 그의 설은 역사 왜곡을 너무나도 좋아하는 일본 학자라는 선입감을 버린다면 상당한 타당성을 갖고 있다고 봅니다.

만일 그렇다면 고려 이전부터 '부텨' '부처' '부텨님' '부처님'(님은 높임말)으로 불렀다고 봅니다.

또한 조선 세조 당시에 번역된 《능엄경언해》에도 '불(佛)'자를 '부톄' '부텨'라고 번역하였습니다.

스님이자 불교학자인 김포광 선생(1884~1967)은 불타(佛陀)라는 말이 '붇다' → '붇댜' → '붇채' → '붇체'로 변하였고 이 '붇체'가 '부처'가 되었다고 하였습니다. 현재로선 일본 학자의 '부텨' → '부처' 설과 김포광 선생의 '불타' → '붇체' → '부처' 설이 있습니다. |윤창화|

부처님 오신 날은
언제부터 기념하게 되었습니까

    부처님께서 처음으로 이 세상에 태어나신 날을 '부처님 오신 날' '사월 초파일' '석가탄신일' '불탄일' 이라고 합니다.

    부처님께서 이 세상에 태어나신 것은 바로 탐욕과 질투, 번민과 어리석음으로 똘똘 뭉쳐 있는 중생들을 일깨워 주고자 함이었습니다. 만일 부처님께서 이 세상에 오시지 않으셨다면 우리는 올바른 삶이 무엇인지, 그리고 무엇이 선(善)이고 악인지도 구분하지 못한 채 하루 하루의 생활에 급급한 삶을 살았을 것입니다.

    우리는 이 뜻깊은 날을 기리며 그 의미를 되새기고자 해마다 음력 4월 8일이 되면 남녀노소 할 것 없이 부처님 탄신을 봉축하는 것입니다.

그러면 언제부터 부처님 오신 날을 기념하였을까요. 부처님 오신 날을 기념하기 시작한 것은 불교가 처음 들어온 고구려 소수림왕 2년(서기 372) 직후나 또는 불교를 믿어도 좋다고 공식적으로 인정했던 신라 법흥왕 14년(서기 527) 쯤엔 이미 불탄일 행사가 거행되었을 것으로 생각됩니다.

특히 통일신라와 고려시대에는 불교가 국교였으므로 부처님 오신 날은 사찰뿐만이 아니라 온 나라의 큰 행사였습니다. 조선시대에는 나라에서 불교를 억압했지만 가정이나 민간에서는 여전히 불교를 믿었기 때문에 부처님 오신 날은 풍요로운 민속행사로 발전하였습니다.

몇 해 전에 사진자료를 수집하다 보니 1890~1910년경에 촬영된 것으로 보이는 부처님 오신 날을 기념하는 사진 한 장을 발견하게 되었습니다. 사진 속에는 법당을 배경으로 하여 팔모등이 달려 있고, 갓 쓰고 한복 입은 신도들과 어린아이들이 웅성거리는 대웅전 마당 앞에 한문으로 '사월 초파일 석가여래 경축회(四月初八日釋迦如來慶祝會)'라는 현수막이 걸려 있었습니다. 억불로 푸대접받던 그때(구한말)도 여전히 부처님 오신 날 기념행사를 하고 있었다니…… . 참으로 감개무량했습니다.

산골이었지만 제가 어렸을 적(1960년대) 만해도 초파일이 되면 많은 사람들이 초파일 행사를 구경하러 절에 갔었습니다. 남녀노소 할 것 없이 몰려들었는데 절을 중심으로 하여 거의 1킬로미터가량이 구경꾼들로 신도시를 이루었습니다. 명동을 방불케 할 정도였지요. 마치 마을의 축제와도 같았습니다.

다른 나라는 부처님 오신 날을 어떻게 지내는지 궁금하지 않습니까. 태국·스리랑카·미얀마 등 동남아시아 불교국에선 음력 4월 15일을 공휴일로 정하여 불탄일·성도절·열반절 행사를 한꺼번에 하고 있습니다.

일본의 경우는 양력 4월 8일을 불탄일로 정하여 사찰마다 소규모 행사만 할 뿐 우리나라처럼 공휴일도 아니고 공식적인 행사나 제등행렬은 없습니다.

부처님 오신 날은 1975년 1월 14일에 공휴일로 지정되었습니다. 1967년까지만 해도 신문에서는 부처님 오신 날을 '사월 초파일(4월 8일)' '불탄일(절)' '석가탄신일' 등으로 불렀습니다. 그러던 것이 1968년 행사 때부터 '부처님 오신 날'이라는 말을 쓰기 시작하여 1970년대 후반쯤에는 완전히 공식명칭으로 자리잡게 되었습니다.

'부처님 오신 날'이라는 아름답고 순수한 우리말을 누가 최초로 쓰기 시작했을까요? 지금으로부터 약 45년 전인 1963년 사월 초파일 때 동국대 불교대학의 기숙사(기원학사) 건물에 처음으로 "봉축 부처님 오신 날"이라는 문구가 나붙기 시작했습니다. 당시 불교대 학생이었던 목정배 교수가 짓고 김인덕 교수가 썼다고 합니다. **┃운창화┃**

한국불교의 종파는 몇 개나 됩니까

2001년 현재 한국불교 종단협의회에 가입되어 활발한 교화활동을 펴고 있는 불교 종파는 조계종·태고종·천태종 등 28개이며, 기타 원불교까지 합하면 약 30여 개가 됩니다.

1945년까지만 해도 조계종 하나였는데 1970년 5월 8일, 한국불교의 최대 종단인 조계종이 각각 대한불교 조계종과 대한불교 태고종으로 양분되면서 약 30여 개의 종단이 탄생하기에 이르렀습니다. 가장 큰 종단(종파)은 역시 조계종으로 80%를 차지하며, 그 다음이 태고종·천태종·원불교·진각종 등 순입니다.

이상은 상당히 활동하고 있는 종단을 기준으로 한 것이고 아직 교세는 미미하지만 독자적인 종단을 표방하고 있는 곳은 이보다 훨씬 더 많은 편입니다.

역사를 거슬러 올라가 먼 신라시대에도 화엄종·법상종 등 5개의 종파가 있었고, 고려시대에는 약 11개, 조선 전기에는 국가에서 11개를 강제로 5개로 통합시켰다가 다시 선교양종으로 통합시켰습니다. 숭유억불이 극에 달하던 조선 중기 이후에는 이마저 유명무실하여 실제는 거의 종파가 없는 시대였습니다.

그러던 것이 일제시대에 들어와서 1908년 원종(圓宗)이, 1911년에는 임제종이 생겼으나 1∼2년만에 없어지고, 1941년 비로소 전국의 스님들이 뜻을 합하여 단일 종단인 조선불교 조계종을 탄생시켰습니다. 이것이 현 조계종의 전신입니다. 아무래도 조계종이 우리나라 불교를 대표한다고 보아야 할 것입니다.

이렇게 종파가 다양한 것은 원래 중국불교의 산물입니다. 현재도 중국·일본은 약 10여 개의 종파가 있습니다.

현재 우리나라에는 공식적으로는 약 30개 종단(종파)이 있고 비공식적으로는 훨씬 더 많습니다. **|윤창화|**

불교를 믿는 나라는 몇 곳이나 됩니까

　기원전 6세기, 인도에서 발생한 불교는 크게는 남과 북으로 전파되어 지금은 아시아 전역과 유럽, 미국까지 전파되어 있습니다.

　현재 불교를 믿고 있는 나라는 아시아에서는 인도 · 네팔 · 부탄 · 파키스탄 · 방글라데시 · 아프가니스탄 · 한국 · 중국 · 대만 · 홍콩 · 일본 · 티베트 · 몽고 · 스리랑카 · 태국 · 미얀마 · 인도네시아 · 베트남 · 캄보디아 · 라오스 · 말레이시아 · 싱가포르 등이고, 유럽에서는 독일 · 영국 · 프랑스 · 벨기에 · 네덜란드 · 룩셈부르크 · 스위스 · 스웨덴 · 노르웨이 · 오스트리아 등 서유럽은 물론이고, 동유럽의 폴란드 · 헝가리 · 체코 · 슬로바키아 · 유고 그리고 러시아, 아메

리카 대륙에는 미국·캐나다·멕시코·브라질·아르헨티
나·칠레·베네수엘라, 대양주의 호주와 뉴질랜드, 중앙아
시아의 여러 나라들과 아프리카의 케냐·탄자니아·남아프
리카 공화국 등 약 50여 개국이 됩니다.

이 가운데 불교 인구가 90% 이상으로서 국교화 되다시피
한 나라는 일본·스리랑카·태국·미얀마·부탄·티베트
등이고, 인구의 30~40% 이상을 차지하는 나라는 중국·대
만·홍콩·한국·몽고·베트남·네팔·캄보디아·라오스
등이고 기타는 10% 이하입니다.

그런데 하나 궁금한 것은 다른 나라의 불교는 한국불교와
같은 불교일까 하는 점입니다. 불교는 크게 세 가지로 나눕
니다. 대승불교와 소승불교(상좌부)와 밀교입니다.

대승불교에 속한 나라는 동북쪽인 중국·한국·일본·대
만 등이고, 상좌부불교에 속한 나라는 동남쪽인 스리랑카·
태국·미얀마 등 동남아시아와 남아시아 지역의 여러 나라
들이고, 밀교는 티베트와 부탄이 그 대표적인 나라입니다.

그리고 독일·프랑스·영국 등 유럽의 불교는 학문적으
로 전파된 지는 이미 오래 되지만(약 300년쯤), 종교적 신앙
적으로 전파된 지는 대체로 100년 정도로 동남아시아의 불

교와 티베트·중국·일본·한국 등지에서 건너간 불교가 많습니다. 특이한 것은 유럽의 불교를 학문적으로 끌어올린 승려들 중에 유태인이 많다는 것입니다.

불교는 처음 인도에서 발생했지만 현재 인도의 불교신자는 전체 인구의 약 2%인 200만 명 정도에 불과하나 꾸준히 그 수가 증가하고 있습니다. 인도에서의 최대 종교는 힌두교이고 그 다음을 이슬람교가 차지하고 있습니다. 13세기 인도를 떠난 불교는 중국·한국·일본·티베트 등 대승 및 밀교권과 스리랑카를 중심으로 태국·미얀마 등 상좌부권으로 크게 나뉘며 지금까지 인류의 맑은 정신과 영혼의 치유를 위해 크게 공헌하고 있습니다. 지금은 세계 4대 종교의 하나로 특히 미국·프랑스·영국·독일 등 서양에서 그 신도가 증가하고 있습니다. **| 윤창화 |**

불교기佛教旗는 무엇을 상징하며
언제부터 사용하였습니까

청 · 황 · 적 · 백 · 주황, 이렇게 다섯 가지 색으로 된 불교기는 불교를 상징하는 깃발입니다. 다섯 가지 색은 각각 어떤 의미를 갖고 있으며 왜 다섯 가지 색으로 불교를 상징하게 되었을까요. 위에서부터 순서대로 따져나가 보도록 하겠습니다.

청색은 부처님의 검푸른 모발색에서 따왔으며, 황색은 부처님의 피부색(또는 가사색이라고도 함)에서, 적색은 부처님의 붉은 입술색에서, 백색은 항상 사자후로 설법하시는 부처님의 깨끗한 치아색에서, 주황색은 부처님의 성스러운 몸을 두루고 있는 가사색(또는 피부색이라고도 함)에서 따 온 것입니다. 이 다섯 가지 색은 모두 부처님 신체에서 따온 것으로 바로 성스러운 부처님을 상징합니다.

최초로 불교기를 사용한 것은 언제부터일까요. 현재 사용하고 있는 불교기는 1966년 8월 11일 제13회 조계종 임시중앙종회에서 불교 연대통일 안건과 같이 채택되어 우선 조계종 마크로 사용하기로 했던 것입니다.

그러다가 1976년 4월, 한국불교 각 종단의 대표들이 모여 불탄일 공휴일 제정 2주기 및 단합된 불교의 통일성을 보여주기 위하여 다섯 가지 색으로 된 불교기를 한국불교의 공식적인 불교기로 채택한 것입니다.

이 기는 우리나라에서 창안한 것이 아니라 1950년 스리랑카에서 열린 제1차 세계불교도우의회(WFB)에서 공식적으로 채택되어 각 국에서 이미 사용하고 있던 것을 그대로 따른 것이지요. 그런데 이 기는 스리랑카에서는 이미 1885년 4월 17일에 제정되었고, 동남아불교국에서도 함께 사용했던 것입니다.

그러면 우리나라에는 불교를 상징하는 마크나 깃발 같은 것은 없었던가? 있었습니다. 만(卍)자가 그 모든 역할을 대신했습니다. **|윤창화|**

불기佛紀는 언제를 기준으로 정해진 것입니까

불기는 부처님께서 80세의 일기로 열반에 드신 해를 기준으로 하여 정해진 것입니다. 올해(2008년)가 불기로 2552년이니까 부처님께서 80년 동안 중생을 교화하시다가 이 사바세계를 뒤로한 채 열반에 드신 지 꼭 2552년이 되는 셈입니다.

불기에 대해선 구불기인 2900년대 설(3000년대 설이라고도 함)과 신불기인 2500년대 설이 있습니다. 신불기 즉 현재의 불기가 우리나라에서 사용되기 시작한 것은 1967년 1월 1일부터였습니다. 그 이전까지만 해도 전통적으로 내려오던 2900년대 구불기설을 그대로 사용하였습니다(신불기를 쓰기 시작한 서기 1967년은 신불기로는 2511년이었고 구불기로는

2994년임).

신불기를 쓰기 1년 전인 1966년 8월 11일, 조계종 임시 중앙종회에서 불기 연대통일에 관한 안건을 토의하여 1967년 1월 1일부터 새로운 불기를 사용하기로 한 것입니다.

그러면 왜 지금까지 멀쩡히 써 오던 정든 옛 불기를 폐기시키고 새로운 불기를 채택하게 된 것일까요. 의아해하지 않을 수 없습니다.

1956년 11월 15일 네팔에서 제4차 세계불교도우의회(World Fellowship of Buddhists〔WFB〕: 1950년 5월 25일 스리랑카의 수도 콜롬보에서 창립된 세계 최대의 불교단체)가 열렸습니다. 이 회의에서 각국의 불교 대표들은 각 나라마다 달리 써 오던 불기 연대를 통일하자는 안건이 주 의제로 상정되었고 논의 끝에 보다 역사적 사실에 가까운 불기를 채택한 것이 지금 우리가 쓰고 있는 신불기입니다.

당시 이 회의에 한국 대표로는 처음으로 참석했던 효봉·동산·청담스님은 세계 각국의 대표들이 채택한 불기가 역사적인 사실에 가깝다고는 하더라도 우리나라에서 쓰고 있는 불기와는 무려 483년의 차이(우리나라가 483년이나 앞섬)가 나므로 쉽게 결정할 수 없었습니다.

그러다가 1960년대 중반 이후, 동남아 불교국들과의 교류가 점차 활발해지면서 우리도 세계의 통일된 불기를 써야 한다는 당위론이 우세하여 논의 끝에 1967년 1월부터 신불기를 사용하기 시작했습니다.

그러나 옛 불기는 하루아침에 사라진 것이 아닙니다. 새 불기가 공식적으로는 채택되었다 하더라도 1970년대 중반까지만 해도 주체성을 주장하는 스님들은 개인적으로 여전히 옛 불기를 사용하는 분들이 많았습니다. 올해(2008)의 구불기는 3035년입니다. **|윤창화|**

참고 : 현재 동남아 불교국의 올해(2008년) 불기는 2551년인데, 우리나라는 2552년으로 즉, 1년 앞서고 있습니다. 1970년 9월부터 착오가 생긴 것입니다. 즉, 1970년은 2513년인데 1970년 9월 27일자 《불교신문(구 대한불교)》에서 실수로 2514년으로 표기하는 바람에 1년 앞서가고 있는 것입니다. 신문에서 2514년으로 잘못 표기하는 바람에 모두 무심코 쓰다보니 1년이 빨라진 것입니다. 지난해(2007) 불기를 정정해야 한다는 논의가 있었는데 조계종 총무원에서는 그대로 쓰기로 했다고 합니다.

불사란 무슨 말입니까

절과 관련된 어떤 일을 하는 것을 불교에서는 통칭하여 '불사(佛事)'라고 합니다.

예컨대 대웅전을 새로 짓는 일을 대웅전불사라고 하고, 폐허가 된 사찰을 다시 세우는 일은 중창불사, 지붕에 기와(蓋瓦)를 입히는 것은 기와불사(개와불사), 범종을 새로 주조하는 일은 범종불사, 불상에 금색을 다시 입히는 일은 개금불사, 법복인 가사를 새로 만들어 스님들께 드리는 일은 가사불사라고 하고, 인재를 양성하기 위하여 교육의 장을 마련한다(교육불사)든지 경전을 간행하여 무료로 배포하는 일(예컨대 《법화경》을 간행할 경우 '법화경불사'라고 함)도 모두 '불사'라고 합니다.

뿐만 아니라 불교에서는 그 어떠한 일이든 개인적인 것이 아닌 공적으로 불교를 위하여 인력과 재정이 들어가는 일은 모두 '불사'라고 합니다. 불교에서 하는 일은 모두가 불사 아닌 것이 없다고 보면 되겠습니다.

모든 것이 불사라고 하는 개념이 탄생하게 된 배경에는 다름 아닌 불교(절)의 모든 재산과 기물들은 어떤 것을 막론하고 모두 공유물로서 절대 개인의 소유가 아니라는 개념 때문입니다.

실제 불교에서는 개인의 소유물로 인정되고 있는 것은 한 벌의 가사와 발우, 옷 등 몇 가지 생활도구에 불과합니다. 나머지는 모두 사찰의 소유, 즉 공유물입니다. 따라서 불사(佛事)란 바로 '공적인 일(公事)'이라고 보면 가장 이해하기 쉽겠습니다.

원래 불사란 '부처님 덕을 널리 펴는 것' 또는 불사를 통하여 '중생을 교화하는 일'을 가리키는 말이었습니다만 후대에 와서는 이처럼 법당을 새로 짓는다든가, 탑을 세운다든가, 범종을 새로 조성하는 등의 일을 '불사'라고 하게 되었습니다. **|윤창화|**

불상은 언제부터 모시게 되었습니까

부처님이 입멸하시자 제자들은 몹시 허전했습니다. 그것
은 부처님의 모습을 다시는 뵐 수 없었기 때문입니다. 부처
님께서는 돌아가시기 직전 제자들에게 이렇게 말했습니다.

"내 육신은 비록 사라지지만 그러나 난 영원한 생명, 그
자체이므로 죽지 않는다. 그것은 저 달이 산에 가렸다 하여
없어진 것이 아닌 것과 같다.《법화경》"

그러나 인간의 모습으로 오신 부처님을 더 이상 볼 수 없었
으므로 제자들의 마음은 허전하기 이를 데 없었던 것입니다.

그래서 부처님을 뵙고 싶을 때 제자들은 부처님이 생전에
입으시던 옷(가사)과, 쓰시던 밥그릇(발우), 그리고 부처님
의 유골(사리) 등을 찾아가 예배하곤 했습니다. 그러다가 후

대로 내려오면서 부처님을 상징하는 상징물들이 등장하기 시작했습니다.

이 상징물에는 '보리수 나무'(부처님이 이 나무 밑에서 깨침), '법륜'(수레바퀴로서 불법의 전파를 상징함), 부처님 발자국(佛足跡: 부처님은 49년 동안 맨발로 동분서주하시며 중생제도에 힘쓰셨다) 등이 있습니다.

좀더 후대로 내려오자 부처님의 유골(사리)을 모신 스투파(탑)의 숭배가 일어났습니다. 1세기 후반에 이르자 지금의 아프가니스탄 북서부인 간다라 지방에서 최초로 인간의 모습을 하신 부처님 모습(불상)이 조각되기 시작했습니다. 이 간다라 지방은 일찍부터 알렉산더대왕의 원정으로 하여 그리스 헬레니즘의 조각 영향을 받던 곳입니다. 그러자 뒤이어 인도의 마투라 지방에서도 불상 조각이 시작되었습니다.

불제자들은 처음에는 불상 조각을 엄격히 금했습니다. 왜냐하면 부처님의 거룩한 모습을 인간의 손으로 빚는다는 것은 호랑이를 고양이로 그리려는 것과 같기 때문입니다. 그러나 부처님에 대한 인간적인 그리움이 너무나 짙었던 나머지 마침내는 인간 모습으로 부처님을 조각하기에 이른 것입니다. |석지현|

불상은 왜 황금빛입니까

　원래 살아 계실 때 부처님 몸에서는 '자마염부단금색(紫磨閻浮檀金色)'이 빛났다고 하는데 이 색깔은 '불타는 불빛의 색깔'을 말하는 것입니다. 그러므로 부처님 몸은 황금색이 아니라 '불타는 불의 색깔'이었습니다.

　불은 녹슬지 않습니다. 그늘이 없습니다. 모든 걸 정화시킵니다. 불의 색깔은 즉 영혼의 색깔입니다. 살아 있는 색깔입니다. 결코 인습이나 타성에 젖지 않는 색깔입니다. 그래서 불상을 불타는 색깔을 뜻하는 황금빛으로 칠하는 것입니다.

　황금은 부자의 상징이 아니라 영혼의 색깔입니다. 그런데 무지한 이들은 이런 이치를 모르고 부의 축적으로서의 황금만 모으기에 혈안이 돼 있습니다. **｜석지현｜**

불상 앞에 왜 절을 합니까

불상 앞에 절을 하는 것은 존경의 표시와 자기 자신을 낮추는 겸손의 뜻이 있습니다. 자신을 낮춘다는 것은 자기 마음을 비운다는 것입니다. 절은 겸손을 배우는 가장 이상적인 수행법입니다. 절을 하게 되면 다리 운동·단전 단련·팔 운동·목 운동·온몸 운동은 물론 호흡까지 조절됩니다.

그리고 자기 자신 속에 내재되어 있는 '부처님 마음(佛性)'을 일깨워 나도 부처님처럼 많은 사람들에게 빛이 되자는 신념의 재확인입니다. 절을 하면서 우리는 겸허해집니다. 구슬땀을 흘리면서 108배를 해 보십시오. 그리고 법당 문을 열고 나와 하늘과 산과 나무를 보십시오. 얼마나 상큼하고 신선한가를……. ┃석지현┃

불자들은 인사할 때
왜 "성불하십시오"라고 합니까

　불자들은 서로 헤어질 때 두 손을 모아 합장을 하고 "성불하십시오"라는 인사를 합니다. 이 인사말 속에는 "어서 부처님이 되십시오"라고 기원하는 마음이 담겨 있습니다. 벼는 익을수록 고개를 숙이고 속이 가득찬 사람일수록 겸손하다는 이야기처럼 불자들은 본래 상대방이 아무리 어리고 보잘것없는 사람일지라도 부처님의 성품을 가진 고귀한 존재로 보는 것입니다.

　《법화경》〈상불경보살품〉에는 '항상 중생을 가벼이 여기지 않는 보살'이라는 이름을 가진 상불경보살의 이야기가 실려 있습니다. 상불경보살은 남녀노소 할 것 없이 만나는 사람마다 "나는 그대들을 깊이 존경하여 감히 가벼이 여기지 않습니다. 왜냐하면 그대들은 모두 보살도를 행하여 마침내 부처님처럼 될 것이기 때문입니다"라고 말하면서 예배를 하였는데, 상불경보살의 인사를 못마땅하게 여긴 사람들이 그를 박해해도 그는 인사를 멈추지 않았습니다. 이와 같은 인간존중의 실천을 불교에서는 '상불경행(常不輕行)'이라고 합니다.

불자들이 평범한 인간, 불도를 닦는 동료 불자에 지나지 않는 이들에게 "성불하십시오"라고 인사를 하는 이면에는 불교가 갖고 있는 생명 존중, 드넓은 인간긍정의 사상이 담겨 있습니다.

여러 대승경전에서는 "일체중생은 모두 부처님의 성품을 갖고 있다"라고 설합니다. 이와 같은 인간긍정의 사상적 기원은 "중생은 번뇌에 오염되어 있지만 더러움 그 자체는 아니다"라고 선언한 부처님의 말씀에서도 확인됩니다. 불자들이 서로 "성불하십시오"라고 나누는 인사말 속에는 바로 이와 같은 불교 특유의 인간관에서 비롯된 것입니다.

불교가 보는 인간은 부처님의 마음을 내재하고 정토를 구현할 수 있는 잠재적인 부처이기도 하며 이 세상을 지옥·축생·아수라의 세계로 만들어 가는 사악하고 불행한 존재이

기도 합니다.

그러나 인간은 저 아득한 세월의 저편에서부터 탐욕과 아집을 쌓아온 숙업체이기는 하지만 스스로 인간이고자, 스스로 부처이고자 정진한다면 지금 선 자리가 바로 해탈의 장소가 될 수 있습니다.

"성불하십시오"라는 불자들의 인사말은 바로 우리 모두가 부처님임을 깨닫고 이 세상을 극락정토로 만들어 가자는 발원이며 다짐입니다. ┃일지┃

불자로서 알아 두어야 할
기본 예절은 무엇입니까

　대부분의 불자들이 처음 절에 가면 어떻게 해야 하는지 몰라 안절부절못하게 됩니다. 또 절에 좀 다녔다고 하는 분들도 막상은 망설여지는 때가 많습니다. 초보자로서 이러한 문제에 부딪히는 것은 당연한 일로 그리 부끄러워 할 것은 아닙니다. 아무리 박학다식한 사람이라도 사찰이나 교회 등 특수한 곳에서 행해지고 있는 예의와 상식에 대해선 초보자일 수밖에 없습니다.

　불교의 예법이 복잡하고 어려운 것 같지만 조금만 알고 보면 다 상식의 범위에서 만들어진 것입니다. 지금부터 제가 드리는 말씀을 세 번만 읽으면 걱정할 것은 조금도 없습니다.

1) 처음 불교를 믿고자 하는 분의 경우

초보자로서 불교를 처음 믿고자 하는 분은 주변에 불교와 관련이 있는 분의 소개나 안내를 받는 것이 가장 좋습니다. 이 경우 사전에 미리 스님께 이야기가 되어 있으므로 낯설다거나 별다른 절차가 없이도 스님을 만나 불교를 믿는 방법과 기초 상식, 그리고 불자로서 지켜야 할 예절에 대하여 자세하게 여쭈어 볼 수 있습니다.

2) 이미 절에 다니고 있는 분의 경우

한두 번 절에 다니기 시작하였으나 아직도 절에 가면 낯설어서 어찌할지 모르는 분은 다음과 같이 하시면 됩니다.

먼저 절에 가서 스님을 만나게 되면 합장하고 참배하러 왔다는 뜻을 밝힌 뒤, 대웅전(법당)에 가서 부처님께 촛불을 켜고 향을 사르고 3배를 올리고 오른쪽에 계시는 신중전에도 3배를 올리면 일단은 부처님에 대한 참배와 예의는 끝난 것입니다.

큰 사찰의 경우 법당은 밤을 제외하고는 언제든지 개방되어 있고, 또 아침저녁 예불시간에도 개방되어 있으므로 꼭 스님께 말씀드리지 않고 참배해도 예의에 어긋난 행동이 아니므로 염려하지 않아도 됩니다.

사찰은 불교 신자든 아니든 항상 열려 있습니다. 누구든지 마음대로 기도와 참배를 할 수 있습니다. 다만 도심 사찰은 도둑이나 상인 등 외부인들의 출입이 많으므로 가능한 절에 계신 스님이나 관리하는 분에게 참배하러 왔다는 것을 미리 알려드리는 것이 좋습니다.

별도로 기도나 불공을 올리고 싶은 분은 스님을 찾아서 말씀을 드리면 원하는 때에 불공을 드릴 수 있게 해 드립니다. 참고로 불공은 대체로 하루에 한 번 오전 10시~11시 사이에만 올리게 되어 있으므로 미리 전화를 드리거나 아니면 오전 10시 이전까지는 가야만 가능합니다. 기도는 공동으로 정해진 때가 있으므로 그때 같이 올리면 되지만 단독으로 특별히 기도를 드리고 싶을 땐 스님의 말씀에 따라 날짜를 잡아서 올리면 됩니다.

기도란 자신이 하는 것이기 때문에 혼자 기도를 올려도 되고 스님께 기도를 올리고 싶다는 뜻을 전하면 기도를 하는 방법과 마음가짐 등에 대하여 자세히 안내해 주십니다.

별도로 불교에 대하여 알고 싶은 점이나 개인적인 일을 상담하고 싶은 점이 있으면 절에서 일보고 있는 분들을 통해도 되고 또는 직접 스님을 뵙고 상의드리면 자세히 상담해 드릴 것입니다.

3) 절에서의 행동거지와 예불, 공양 시간

절은 불자들을 위한 신앙의 도량이지만 한편으로는 스님들께서 수행하는 곳입니다. 그러므로 옷은 단정하게 입어야 하고 도량을 함부로 기웃거린다거나 떠들어서는 안 됩니다. 또 술이나 담배, 노래는 삼가해야 하고 핸드폰은 반드시 꺼야 합니다.

도심의 작은 절이나 포교당은 법당이 협소하기 때문에 별도로 법당 출입문이 없는 경우도 있지만, 규모가 있어서 별도로 법당 건물이 있는 경우는 가운데 문으로 출입해서는 안 되고 반드시 양쪽 문을 이용하여 출입해야 합니다. 법당 안에서는 소리가 나지 않도록 뒤꿈치를 들어서 조용히 걸어야 하며 부처님께 올리는 헌금, 즉 불전은 복전함·보시함·불전함이라고 쓰여진 함에 정성스럽게 넣어야 합니다. 법당이나 탑 앞을 가로질러 갈 때에는 합장을 하고 지나가야 합니다.

공양은 정해진 시간(아침은 7시~7시 30분경, 점심은 11시 30분~12시경, 저녁은 5시 30분~6시경)이 지나면 공양할 수 없으므로 시간을 잘 지켜야 하며, 예불시간(아침예불은 새벽 3시 30분경에 시작하고 저녁예불은 6시 30분경에 시작합니다) 도 정해져 있으므로 그 시간에 예불을 해야 합니다. 공양시 간이 지나 별도로 공양하는 것은 예의에 어긋나므로 각별히 조심해야 합니다. 또 절에서는 절대 음식을 남겨서는 안 되 므로 자기가 먹을 만큼만 덜어서 먹어야 합니다.

4) 절하는 방법

불교에서는 반드시 큰절을 세 번 하게 되어 있습니다. 시 작할 때는 먼저 바른 자세로 합장하고서 45도 각도로 허리를 굽혀서 반배를 한 다음 큰절을 세 번 하고 나서 역시 45도 각 도로 허리를 굽혀서 반배를 합니다. 주의할 것은 큰절을 하 고서 일어설 적에는 허리를 굽히지 말고 반듯하고 꼿꼿하게 일어서야 합니다. 이러한 인사법은 부처님 앞이나 큰스님들 께 인사를 드릴 때에도 똑같은데 설명만 가지고는 좀 어렵고 스님께 부탁드려 몇 번 배워야 자세히 알 수 있습니다. 일반 에서 하는 큰절과는 조금 다릅니다.

대체로 우리 불자들은 절하는 방법이 각양각색입니다. 어 떤 분은 복을 많이 달라는 뜻에서인지 무당들이 절하는 법을 흉내내어 두 팔을 한껏 들어 허공을 몽땅 껴안을 듯이 하는 분도 있습니다. 가장 보기 흉한 스타일입니다. 불교에서 절하는 법은 그다지 어려운 것은 아니므로 조금만 익히면 아주 멋있고 품위 있는 인사법을 배울 수가 있습니다.

또 하나 우리 불자들은 거리나 공공장소에서 모르는 스님을 만나면 어떻게 해야할지 안절부절못하는 경우가 많습니다. 이 경우 경건히 합장하면 되는데 잘 안 될 것입니다. 저도 잘 안 됩니다. 처음엔 어색하지만 몇 번만 하면 습관이 되어서 자연스럽게 합장을 하게 될 것으로 봅니다. 지나고 나서 마음 한켠에 송구스러움을 간직하는 것보다는 낫지 않을까요. **|윤창화|**

불전은 얼마나 놓아야 합니까

많은 분들로부터 질문을 받는 것 중의 하나가 "절에 가면 불전을 얼마나 놓아야 하느냐"는 것입니다. 그런 질문을 받을 때마다 참으로 난감함을 느낄 때가 많습니다. 차라리 교회나 성당처럼 '십일조'라는 것이 있다면 좋을 텐데 말입니다.

하지만 조금도 고민할 필요가 없습니다. 절(불교)에서는 교회나 성당처럼 바구니 같은 것을 들고 다닌다거나 '십일조'처럼 정해진 것이 없습니다. 그냥 자기의 능력 범위 내에서 성의껏 내면 됩니다.

현재의 생활형편상 또는 그때 그때의 경제 사정에 따라 좋으면 더 내고 여의치 못하면 단 100원이라도 성의만 표시하면 됩니다. 그것도 어려우면 그냥 부처님께 참배만 하고 돌아가도 됩니다.

그런데 이런 생각을 자꾸만 하게 되는 것은 아무래도 남을 의식해서가 아닐까요? 또 스님들께선 누가 얼마를 내는지에 대하여 조금도 개의치 않습니다.

여러분들도 절에 가 보셨겠지만 절에 가면 법당 안에 복전함(福田函: 복밭), 불전함(佛錢函), 희사함, 보시함(布施函)이라고 쓴 함이 있습니다. 이런 함을 만든 이유도 누가 얼마를 냈는지를 가린다거나 의식하지 않기 위해서입니다. 여기에 넣으면 다 섞여서 천 원을 헌금한 사람이나 백만 원을 헌금한 사람이나 액수의 차이는 있을지 모르나 정성의 차이는 없습니다.

일반적인 용어로는 '헌금' '희사금'이라고 하고 불교에서는 '불전(佛錢)' '시주금' '보시(布施)' '보시금'이라고 하는데 용도는 조금씩 다릅니다.

불전은 그때 그때 절에 갔을 때 또는 부처님께 불공을 올릴 적에 부처님 앞에 올리는 것을 말하고, 시주금은 절을 짓는다든가 범종이나 부처님을 조성하여 모실 때 또는 사찰의 어떤 큰 일이 있을 때 헌금하는 것을 말하고, 보시는 '남에게 베푼다' '희사한다'는 의미로서 '헌금' '희사금' '불전'

'시주' 등 이러한 모든 것을 통칭한 말이기도 합니다.

　이 역시 정해진 액수는 없습니다. 다만 법당을 새로 지을 적엔 막대한 재정이 필요하므로 예컨대 기와는 한 장에 대략 얼마라는 것이 있습니다. 이런 특이한 경우를 제외하고는 정해진 것이 없습니다. **｜윤창화｜**

비구·비구니·사미·사미니의
차이점에 대하여 알고 싶습니다

남자로서 입산하여 행자생활을 거쳐서 처음 열 가지 계 (10계, 사미계)를 받은 만 20세 미만의 사람을 '사미(沙彌)' 라고 부르고 여자의 경우 '사미니(沙彌尼)'라고 부릅니다.

또 남자로서 사미계를 받은 지 3년이 지나고 만 21세 이상으로 '구족계(具足戒: 빠짐 없이 갖추어진 완전한 계)'를 받은 스님을 '비구(比丘)'라고 하고 여자의 경우를 '비구니(比丘尼)'라고 부릅니다.

사미계는 지켜야 할 계 조목이 "살생하지 말아라" 등 열 가지에 불과하지만, 구족계 즉 비구계는 지켜야 할 계가 250 가지나 되며, 비구니계(이 역시 구족계라고 함)의 경우는 이보다 더 많아 무려 348가지나 됩니다. 같은 스님이지만 비구니 스님이 지켜야 할 계가 더 많은 것은 아무래도 남자보다는 여자가 조심하고 주의해야 할 점이 더 많아서이겠지요.

'비구'라는 말은 '걸식하는 분(걸사, 乞士)'이라는 뜻으로 위로는 부처님의 가르침을 구하고 아래로는 신자들에게 걸식하기 때문입니다. 실제로 인도에서는 부처님 당시부터 발우를 가지고 탁발 걸식하는 것이 스님들의 생활 방법이었습니다. 이 역시 자신을 낮추는 수행방법의 하나인 것입니다.

사미는 '세상의 잡념을 쉬고 자비스러운 곳에 있어야 할 처지에 있는 사람'이라는 뜻으로 만 7세 이상~20세 미만의 견습승(見習僧)을 가리키는데, 갓 절에 들어온 행자와 정식 스님인 비구의 중간 과정에 있는 예비스님입니다. 따라서 엄격히 따지면 사미는 아직 정식 스님이 아니지만 우리나라 불교에서는 그냥 사미부터 '스님'이라고 부르고 있습니다. 또 일반에서는 무조건 나이 어린 스님을 '사미승'이라고 부르고 있습니다만, 이 역시 엄밀하게는 '승'자를 붙일 수 없겠지요. 니(尼)는 여성을 가리킵니다. |윤창화|

사寺 · 암庵 · 정사精舍 · 선원禪院의
차이점은 무엇입니까

우리나라의 절 이름 뒤에는 ○○사(寺) · ○○암(庵) · ○
○정사(精舍) · ○○선원(禪院) 등 여러 명칭이 붙습니다. 불
자들은 도대체 어떤 경우 어떤 사찰에 사(寺) 암(庵) 정사
(精舍) 선원(禪院)이라는 명칭을 쓰는지 궁금할 것입니다.
명칭을 구분하기 전에 먼저 이해를 돕기 위해 왜 '사(寺)'
자를 쓰게 되었는지에 대하여 설명을 좀 해야겠습니다.

원래 '사(寺)'는 중국 한(漢)나라 때 외국 사신을 맞이하
여 임시로 머물게 하던 곳(관청: 관청의 경우에는 '사'가 아
니고 '시'라고 발음해야 합니다)을 가리키던 말이었습니다.

인도의 마등(摩騰)과 법란(法蘭) 두 스님이 최초로 불교를
전파하기 위하여 불상과 경전을 모시고 중국으로 건너왔습

니다. 외국 사신을 접대하는 관청(寺)에서 스님들을 맞이하였고 그곳에 임시로 머물면서부터 자연스럽게 스님이 사는 곳을 '사(寺)'라고 표현하게 되었습니다.

그 이듬해 최초의 중국 사원이 세워지자 절 이름을 '백마사(白馬寺)'라고 하였고 이후로 '사(寺)'는 관청을 뜻하기보다는 절을 가리키는 글자로 바뀌게 된 것입니다.

처음에는 ○○사(寺)라는 표현 외에 암·정사·선원 등의 표현은 없었습니다. 유명한 명산에 큰 절이 세워지고 큰 절을 중심으로 하여 산내(山內)에 작은 절들이 하나 둘씩 세워지면서 암(庵, 菴), 또는 암자(庵子)라고 부르게 된 것입니다.

암자는 큰 절에 딸린 작은 절을 가리키는 말입니다. 암(庵)의 본래 뜻은 '마을과 떨어진 곳에 나무와 풀로 엮어 만든 임시 집(草庵)'이라는 뜻으로 '암(庵)'자보다는 '암(菴)'자를 써야 더 맞습니다. '자(子)'자 역시 나무의 열매 등 작은 것을 표현할 때 '자(子)'자를 씁니다.

정사(精舍)는 범어 비하라(vihāra)의 뜻 번역으로 역시 절을 가리킵니다. 선원(禪院) 또는 ○○원(院)은 큰 절 안에 있는 '별채'를 뜻하는데 예컨대 해인사 같은 총림에 있는 강원이나 율원 · 선원과 같은 것입니다.

암자는 대체로 큰 절에서 1킬로미터 이상 떨어져 있고 원(院)이나 선원은 큰 절 안에 있는 '별원' 이라는 뜻입니다. 구분하면 이렇지만 오래 전부터 사(寺) · 암(庵) · 정사(精舍) · 선원(禪院)은 큰 구분 없이 모두 사찰을 가리키는 의미로 쓰이고 있습니다. **|윤창화|**

사리舍利란 무엇입니까

　원래 '사리(舍利, śarīra)'란 석가모니 부처님의 유골을 말하는 것이었습니다. 그러나 후대로 내려가서는 고승들의 유골까지를 '사리'라고 부르게 됐으며 더 후대로 내려가자 고승을 화장하고 난 다음 뼈에서 나오는 영롱한 구슬을 '사리'라고 부르게 됐습니다.

　《욕불공덕경(浴佛功德經)》에 보면 사리에는 다음의 두 가지가 있다고 합니다.

　첫째, 육신사리(肉身舍利)는 몸에서 나온 사리로써 우리가 일반적으로 '사리'라고 부르는 것입니다. 둘째, 법신사리(法身舍利)는 부처님이 말씀하신 경전이나 그 가르침을 말합니다.

진정한 사리는 육신사리가 아니라 법신사리입니다. 그러므로 우리 불자들은 눈에 보이는 육신사리에만 집착하지 말고 보이지 않는 법신사리를 깨닫기 바랍니다. 법신사리로서의 부처님의 가르침을 따르는 것이야말로 진정한 불제자의 길이기 때문입니다. **|석지현|**

사바세계란 어느 곳을 가리킵니까

　우리가 살고 있는 이 세계를 불교에서는 사바세계(娑婆世界: sabhā의 한자표기)라고 합니다. 좀더 구체적으로 말하면 현재 우리가 살고 있는 이 지구와 땅덩어리가 바로 사바세계입니다.

　물론 그 속에는 우리나라 뿐만 아니라 약 200여 국에 달하는 전 세계가 포함되어 있고 더 나아가서는 달의 세계, 별의 세계까지도 사바세계에 포함됩니다. 시간적으로는 인간이 존재하기 시작한 이후가 되고 공간적으로는 하늘 끝, 땅 끝까지가 사바세계인 셈입니다.

　사바세계는 고통이 많은 세계입니다. 먹고 사는 고통, 질병의 고통, 사랑하고 좋아하는 사람과 이별해야 하는 고통……. 이 사바세계는 참으면서 살아가지 않으면 안 되는 세계여서 '인토(忍土)' '인계(忍界)'라고 합니다. 지옥보다는 훨씬 좋지만 이곳 역시 여간한 인내심 없이는 살기 어려운 곳입니다. 그래서 때론 삶에 지쳐서 그만 자살하는 사람이 있는 것이 아니겠습니까.

석가모니 부처님을 사바세계의 교주이자 스승이라고 합니다. 부처님께서 보시기엔 사바세계는 하나같이 제도해 주어야 할 대상(중생), 인도해 주어야만 하는 대상으로 꽉 차 있기 때문에 부처님이나 보살님들은 항상 슬프고 가련한 눈빛으로 바라보십니다.

우리의 입장에서 보더라도 사바세계는 언젠가는 죽어야 한다는 사실을 전제로 하여 살아가고 있는 눈물의 세계입니다. 언젠가는 이별해야 하고 언젠가는 떠나야 합니다. 예정된 세계에서 우리는 영원을 갈구하고 있습니다. 뿐만 아니라 한평생 살아가는 동안에도 번민과 고통, 미혹(불확실성)과 불안이 늘 주변을 배회하고 있습니다. 어리석은 중생들이 집단으로 살고 있는 이 사바세계를 염부제(閻浮提)라고도 합니다.

하지만 마음먹기에 따라서는 낙원이 될 수도 있습니다. 천

상병 시인은 '귀천'이라는 시(詩)에서 사바세계의 삶을 '소
풍의 여정'으로 여겼습니다. 평소의 생활도 그랬고…….

나 하늘로 돌아가리라
새벽빛 와 닿으면 스러지는
이슬 더불어 손에 손을 잡고

나 하늘로 돌아가리라
노을빛 함께 단둘이서
기슭에서 놀다가 구름 손짓하면은

나 하늘로 돌아가리라
아름다운 이 세상 소풍 끝내는 날
가서, 아름다웠다고 말하리라

|윤창화|

사부대중이란 무슨 뜻입니까

종정스님께서 부처님 오신 날 메시지나 하안거 동안거 법어를 하실 적에 꼭 "사부대중(四部大衆)은 열심히 정진하여 자아를 찾아야 한다"고 말씀하시지요.

여기서 사부대중이란 '모든 분들' 이라는 뜻입니다만 구체적으로 말하면 '네 부분으로 구성된 모임' 이라는 뜻입니다. 즉 비구(남자 스님), 비구니(여자스님), 우바새(남자 신도), 우바이(여자 신도)를 가리킵니다.

일부에서는 '불교교단(사찰)의 운영과 관리 등 모든 것은 원래 사부대중으로 구성하게 되어 있다' 고 하지만 그것은 잘못된 이야기입니다. 교단의 운영과 관리는 2부대중, 즉 비구 비구니 스님만이 참여할 수 있고 재가신도는 세속생활과 가정을 유지해야 하기 때문에 실제 어렵습니다.

그렇다면 사부대중이란 어떤 개념일까요. 포괄적인 개념에서 불교라고 하는 종교단체의 구성원은 크게 비구·비구니(스님), 우바새·우바이(신도)로 구성되어 있다는 뜻이지, 재가신자도 교단운영에 참여할 수 있다는 뜻은 아닙니다.

요즘 도심에 새로 생긴 절에서는 신도(우바새, 우바이)들이 절 운영에 참여하고 있는 곳이 많습니다. 스님을 모시는 태도도 매우 경건하고 사찰의 운영이나 신도들의 숫자도 과거보다는 훨씬 증가하고 있습니다. 뭉치면 힘이 생긴다는 논리와 같은 것일까요. **|윤창화|**

사시마지란 무슨 뜻입니까

우리는 하루에 세 끼를 다 먹지만 부처님께서는 평소 하루에 딱 한 번 오전에만 식사를 하셨기 때문에(午後不食) 훗날 제자들도 그 뜻을 받들어 오전 중 사시(巳時: 오전 9시~11시)를 택하여 공양을 올리게 되었습니다.

신도들이 개인적인 소원성취를 목적으로 부처님께 올리는 공양은 새벽에 올려야 더 정성되고 효험이 있다는 습관 때문에 새벽예불이 끝난 이른 아침에도 올렸는데 그것은 편의상이고 원칙적으로는 '사시'로서 대체로 10시 30분에서 11시 사이에 올립니다.

부처님 당시부터 인도불교에서는 하루에 한 번 오전에 걸식(乞食: 이것을 '탁발'이라고도 함)으로 끼니를 때웠습니다.

이렇게 오전 걸식을 제도화 한 것은 무더운 인도의 기후와도 관련이 있고(인도는 무더워서 오후가 되면 다니기 어려울 정도입니다), 또 하루에 두 끼 이상을 먹는다면 시주자에게 누를 많이 끼치게 될뿐더러 자신의 복도 삭감시키는 결과를 초래하기 때문이었습니다.

사시에 부처님께 올리는 공양 — 쌀밥을 불기(佛器)에 담아서 올리는 것 — 을 '마지(摩旨) 올린다'고 하는데 왜 그것을 '마지'라고 했는지가 궁금합니다. 초기에는 어떤 의미와 어원이 있었겠지만 지금은 세월이 흘러 각종 사전에도 어원에 대한 설명은 없고 그냥 '부처님께 올리는 밥' '마지밥'으로만 나와 있습니다.

어떤 분은 "부처님께 공양을 올리면서 '손으로 만들어 올린다' 또는 '손으로 빈다'고 하여 '마지(摩旨, 旨와 指는 통용)'라고 하였다"고 말하기도 합니다.

'마지'는 한자로 '마지(摩旨)' '마지(磨旨)'로도 쓰는데 글자 그대로 풀이를 하여(摩, 磨: 닦다, 미치다. 旨: 뜻, 맛) '맛있는 진지를 올리다' 즉 "정성스럽게 만든 공양을 올리오니 제 뜻을 감응하여 주시옵소서"라는 뜻에서 '마지'라고 한 것이 아닌가 생각도 듭니다. |윤창화|

사십구재 · 천도재 · 예수재는 왜 지냅니까

    사람이 죽은 날로부터 49일 동안 지내는 천도의식(망자의 왕생극락을 기원하는 의식)을 49재 또는 칠칠재(七七齋)라고 합니다. 칠칠재라는 말은 죽은 날로부터 매 7일째마다 일곱 차례에 걸쳐 재(齋)를 올린다는 뜻이고, '재(齋)'는 '몸과 마음을 깨끗이 한다' 는 뜻인데 불교에서는 부처님과 스님들께 올리는 공양이나 죽은 이의 명복을 비는 불공의식을 '재' 라고 합니다.

    49재 날은 망자가 저승의 생활을 마치고 다음 생이 결정되는 중요한 순간이기 때문에 가족들은 영가(죽은 이)의 왕생극락을 부처님과 지장보살님께 기원하는 것입니다.

    그런데 왜 7일마다, 또는 49일 만에 지내는 것인지 궁금하지 않습니까. 부처님 말씀에 따르면 사람은 죽으면 일단 염라국(저승)으로 갑니다. 염라대왕은 생전에 그가 행한 선과 악을 모두 조사하여 착한 일을 아주 많이 한 사람은 바로 천상이나 극락으로 보내고, 악한 일을 아주 많이 한 사람은 무조건 지옥으로 보내고, 선과 악이 비슷비슷하여 판결하기 곤란한 사람은 49일간 심사숙고하여 인간세상이나 지옥 또는 축생(짐승) 등의 세계로 보내는데 매 7일마다 판결하여 늦어도 49일째 되는 날에는 모든 판결이 끝나는 날입니다.

요즘으로 말하면 법원에서 재판할 적에 빠르면 1차나, 2차에서 판결하고 늦어도 3차에서는 형량을 확정짓는 것과 같다고 보면 될 것입니다.

다른 점은 죄인(피고)이 사건을 고의로 질질 끈다든가 상급법원에 항고하는 이런 제도는 염라국에서는 없습니다. 다만 사전에 조사를 완벽히 하여 첫 7일에 판결하기도 하고 두 번째 7일에 판결하기도 하는데 연기를 아무리 해도 49일째 되는 날에는 판결을 끝내기 때문에 매 7일마다 또는 49일이 되는 날에 영가(죽은 이)의 왕생극락을 위하여 49재를 지내는 것입니다.

천도재 역시 죽은 이의 왕생극락을 기원하는 의식으로 49

재와 같은 의미입니다만, 천도재는 49일이 지난 뒤에도 또는 돌아간 이를 위하여 정해진 날이 없이 어느 때든지 지내는 것을 말합니다.

49재나 천도재가 죽은 사람을 위한 것이라면 예수재는 살아 있는 사람의 미래, 즉 자기 자신의 죽은 후의 왕생극락을 미리 기원하는 의식입니다. 죽은 뒤에 남의 손에 의하여 극락왕생을 바라느니보다는 자기 자신이 살아 있을 적에 스스로를 위하여 미리 공덕을 쌓는 것입니다. 자신의 사후 일을 미리 보증해 두는 것인데 매우 좋은 의미를 갖고 있습니다.

저는 처음 절에서 예수재를 지낸다는 말을 듣고 도대체 예수님 제사를 왜 절에서 지내 주는 것인지 한동안 의아해 했습니다. 나중에 알고 보니 기독교의 예수님이 아니라, '미리 닦는다'는 뜻의 예수재(豫修齋)였습니다. **|윤창화|**

사찰을 왜 '절'이라고 부르게 되었습니까

사찰(寺刹)을 왜 한국에서는 '절'이라고 부르게 되었을까. 순수한 우리말인 절에 대하여 간혹 생각할 때마다 "사찰에 가서 절을 하니까 절이라고 부르게 된 것이 아닐까" 하고 막연히 생각했습니다.

우리말 '절'의 어원에 대하여 연구한 에다 도시오(江田俊雄, 1893~1957)라는 일본인 불교학자가 있습니다. 1930년대 우리나라에서 주로 한국불교를 연구했으며 동국대 전신인 혜화전문학교 교수이기도 했던 그는 자신의 논문 〈호도게(ほとけ)와 테라(テラ)의 어원〉(《現代佛教》 115호, 소화 9년, 서기 1934년. 일본에서는 부처님을 '호도게', 절을 '테라'라고 하는데 호도게는 보통어이고 존칭은 '오석가사마〔お釋迦

ṣ ṭ, 석가님)'라고 합니다)이라는 글에서 한국어의 '절'이라는 명칭에 대한 여러 학자들의 설을 소개했습니다.

첫째, 한국어의 '절'은 사찰을 뜻하는 '찰(刹)'에서 온 말로 산스크리트어 크세트라(kṣetra)의 음사이다. 즉, 절을 뜻하는 '찰(刹)'의 한국 발음 '찰'이 변하여 '절'(찰→절)이 되었다는 것이지요.

둘째, 한국에 불교를 처음으로 전한 아도화상이 머물던 집이 경북 선산의 모례(毛禮) 집인데 모례의 이두음 '털례'가 '절'(털례 → 절)이 되었다. 신라시대에는 모례의 집에 가는 것이 절에 가자는 것이기 때문에, '모례'라고 하는 고유명사가 마침내 '절'을 의미하는 보통명사로 사용되었다는 것입니다.

다시 말하면 '절'은 모례(毛禮)의 이두음(한글이 만들어지기 이전 삼국시대에 한자의 음과 뜻을 빌려서 우리나라 말을 적음) '털례'가 변해서 '털 → 덜 → 절'로 되었다는 것이지요.

석지현 스님 역시 이 설을 인용하여 "아도화상이 모례집에 머문 이후 사람들은 털례(毛禮)네 집으로 가서 사문(스님) 묵호자에게 불교를 배우기 시작하면서 '털례네 집에 가자' → '절에 가자' 가 후대로 내려오면서 '절' 로 정착되었을 것이라고 하였습니다.

셋째, '절' 은 예배의 의미인 '절(拜)' 에서 나왔고 결국 '절(寺)' 은 '예배하는 장소' 라는 의미가 부여되면서 사찰을 '절' 로 부르게 되었다. 즉, 불교가 들어오기 전 고대 한국에는 이미 여러 가지 고유신앙이 있어서 그곳에 가서 절을 하면서 소원성취를 빌었는데 불교가 들어와 사찰에 가서 역시 절을 하면서부터 사찰을 '절' 이라고 부르게 되었다는 것이지요.

에다 도시오는 이런 몇 가지 설을 제시하면서 일본말 '테라(テラ, 寺)' 도 한국어 '찰(刹)' 이나 모례의 이두음인 '털례' 가 '테라' 가 되었을 것이라는 설까지 제시했습니다.

'절(寺)' 이란 인도말로는 비하라(vihāra) 로서 '정사(精舍)' 를 가리키며, 한자어로는 '불찰(佛刹)' '범찰(梵刹)' '불사(佛寺)' '사(寺)' '찰(刹)' 이라고 합니다 ('寺' 와 '刹' 을 붙여서 '寺刹' 로 쓴 것은 주로 조선 예종 이후라고 합니다).

중국에서는 외국 사신을 맞아들이는 관청을 '시(寺: 관청일 경우엔 '시' 라고 발음함)' 라고 하였는데 최초로 마등(摩騰)과 법란(法蘭) 두 스님이 인도에서 불경을 가지고 왔을

때 외국인이므로 우선 '홍려시(鴻臚寺)'라는 관청에 머물게
했습니다. 다음 해 낙양에 절을 세우고 절 이름을 '백마사
(白馬寺)'라 한 이후 '시(寺)'자는 관청을 가리킴과 동시에
한편으로는 절을 가리키는 '사(寺)'로 쓰이게 된 것입니다.

'시(寺)'자를 관청으로 쓴 예는 우리나라에도 많습니다.
예컨대 고려시대나 조선시대에 왕실의 족보, 또는 종친의 제
반 일을 관장했던 종부시(宗簿寺), 무기고인 군기시(軍器寺),
제사를 담당했던 봉상시(奉常寺) 등이 그것입니다. **|윤창화|**

사천왕은 어떤 분입니까

　처음 절에 가는 사람이라면 천왕문(天王門) 안에 성난 얼굴로 손에는 칼을 쥐기도 하고 악기와 용을 쥐고 있는 커다란 사천왕을 보면 깜짝 놀라고 맙니다.

　그러나 우리나라의 사천왕의 얼굴을 자세히 들여다보면 순박하고 충직하기 짝이 없는 얼굴입니다. 사천왕은 불교의 수호신으로 널리 알려진 네 명의 천왕이며 동서남북의 4방위를 수호합니다.

　우리나라 불교도들에게 사천왕의 존재는 호법신장인 동시에 오래 전부터 호국신장으로 수용되어 전국 각지의 사찰에 사천왕을 모신 천왕문이 세워졌습니다.

　사천왕은 욕계의 제1천인 사천왕천이라는 곳에 머물며 수하에 각각 여덟 명의 대장들을 거느리고 세간의 동서남북을 수호하므로 호세사천왕(護世四天王)이라고도 부릅니다. 지금부터 사천왕의 명칭과 수호방위, 모습에 대해서 알아 보겠습니다.

지국천왕(持國天王, Dhṛtarāṣṭra)은 동방을 수호하며 몸은 백색이고 갑옷을 입고 손에는 비파를 들고 있습니다. 지국천왕은 모든 건달바를 통솔하며 손에 든 비파는 음악을 사용하여 중생을 불도로 이끌고 수호한다고 합니다.

증장천왕(增長天王, Virūḍhaka)은 남방을 수호하며 몸은 청색이고 갑옷을 입고 손에 보검을 쥐고 있습니다. 증장이라는 천왕의 이름과 같이 중생의 복덕과 선근을 증장시키며 손에 든 보검으로 사마외도(邪魔外道)로부터 불법을 수호합니다. 모든 구반다(鳩槃荼, Kumbhāṇḍa 大力鬼王)를 통솔합니다.

광목천왕(廣目天王, Virūpākṣa)은 서방을 수호하며 몸은 백색이고 갑옷을 입고 손에 용을 잡고 있습니다. 광목이라는 천왕의 이름과 같이 큰 눈으로 세계를 관찰하여 중생들을 수호합니다. 용왕들을 통치합니다.

다문천왕(多聞天王, Vaiśravaṇa)은 북방을 수호하며 몸은

녹색이고 갑옷을 입고 오른손에는 보배우산 혹은 보배깃발을 들었으며 왼손 손바닥에 고불(古佛)의 사리탑을 받들고 있기 때문에 탁탑천왕(托塔天王)이라고도 합니다. 다문이라는 천왕의 명칭은 이 천왕의 복덕과 부가 온 세상에 널리 들린다는 의미입니다. 이 천왕은 야차들을 통솔하여 보배우산으로 사마외도들을 물리치고 중생들의 재물과 부귀를 수호한다고 합니다. |일지|

삼귀의 · 사홍서원에 대하여 알고 싶습니다

거룩한 부처님께 귀의합니다.

거룩한 가르침에 귀의합니다.

거룩한 스님들께 귀의합니다.

이 세 가지를 '삼귀의(三歸依)'라고 합니다. 그 뜻은 불
(佛: 부처님), 법(法: 가르침), 승(僧: 승단, 스님) 삼보에 돌
아가 의지한다는 뜻으로 즉 정신적 육체적으로 부처님을 믿
고, 부처님의 가르침을 따르고 승단을 의지처로 하여 살아가
겠다는 염원이자 목표입니다.

삼귀의는 팔리어 경전의 쿳타카니카야(小部) 속에 있는
쿳타카파타(小誦經)에 원문이 나옵니다.

사홍서원(四弘誓願)은 '네 가지 큰 맹서'로써 다음과 같습니다.

중생을 다 건지오리다(일체 중생을 모두 구제하겠다).

번뇌를 다 끊으오리다(모든 번뇌를 다 끊겠다).

법문을 다 배우오리다(부처님의 가르침을 다 배우겠다).

불도를 다 이루오리다(최고의 깨달음을 실현하겠다).

삼귀의와 사홍서원은 부처님의 제자라면 누구나 똑같이 맹서해야 하는 발원문으로 불교의 각종 행사나 법회를 시작하기 전(삼귀의)과 끝날 때(사홍서원) 반드시 부르는 염불의식이자 노래입니다.

삼귀의와 사홍서원은 1970년대까지만 해도 대체로 한문 가사에 염불식으로 했으나 지금은 거의 다 한글 노래식으로 하고 있습니다.

그런데 스님들께서는 아직도 '삼귀의'와 '사홍서원'을 한문으로 하는 분들이 많습니다. 불교 현대화를 주장하시면서 왜 옛날로 돌아가시는지 궁금합니다. ┃ **윤창화** ┃

새벽에 목탁을 치면서 도량을 도는 까닭은 무엇입니까

"정구업진언 수리수리 마하수리 수수리 사바하."

고요한 산사, 소쩍새 소리만 들리는 적요한 새벽에 목탁을 치면서 도량을 도는 스님의 염불소리를 들어 보신 적이 있습니까. 산사의 분위기를 제대로 느낄 수 있는 시각과 순간이 바로 도량석 염불소리입니다.

새벽에 목탁을 치면서 사찰 곳곳을 도는 것을 '도량석(道場夕, 道場釋)' 또는 '목탁석(木鐸夕, 木鐸釋)'이라고 합니다.

도량석을 하는 까닭은 그 절에 살고 있는 스님을 비롯한 모든 대중들과 여러 신(神)들에게 이제는 잠에서 깨어나 부처님께 예불할 시간이 되었음을 알림과 동시에 하루의 일과가 시작되고 있음을 알리는 기상 신호입니다.

처음부터 목탁을 크게 치면서 시작하는 것이 아니라 아주 나지막한 목탁소리로 시작하여 점점 크게 치기를 세 번 반복한 다음, 비로소 《천수경》이나 기타 경전을 목탁소리에 맞추어 외우면서 약 20분간 부처님을 모신 법당을 중심으로 하여 도량 곳곳을 돕니다. 대중들은 비로소 자리에서 일어나 세수를 하고 법당에 들어가 부처님께 예불 올릴 준비를 합니다.

도심 속에 위치한 포교당이나 사찰일 경우는 일반인들의 곤한 잠을 깨우게 되므로 도량석을 못하는 곳도 있지만 산사는 그런 제약이 없기 때문에 반드시 새벽 3시에 합니다. 도량석은 주로 노전스님이나 부전스님이 하지만, 다른 스님이나 행자들이 염불을 익히기 위하여 하는 경우도 많습니다.

도량석(道場夕, 釋)의 한자 '량(場)'은 원래 '마당 장(場)' 자인데 중국 오(吳)나라에서 '량' 으로 발음한 이후 '도량' 으로 부르게 되었다고 합니다(좀더 고증해야 할 필요가 있음).

도량은 범어 보디마단(Bodhimadan, 菩提道場)의 준말로 '불도를 닦는 곳' '진리를 닦는 장소' 라는 뜻으로 마당 같은 작은 곳을 가리키는 것이 아니라 사찰 전체를 가리키는 말입니다. **| 윤창화 |**

스님이 되자면 어떤 과정을 거쳐야 합니까

스님이 된다는 것은 속세의 모든 인연을 끊고 철저히 성직자로, 수행자로 살아가겠다는 것을 뜻합니다. 그러므로 어떤 종교를 막론하고 절차와 과정이 있습니다.

입산하려면 사찰의 주지스님이나 교무스님을 뵙고 뜻을 밝힌 후에 허락하면 행자생활을 시작합니다. 행자생활은 스님이 되기 위해서는 반드시 거쳐야 하는 과정으로 약 6개월에서 1년 정도가 소요됩니다.

성직자로서 지켜야 할 덕목·염불 등을 공부하고 그 외 시간에는 밥 짓는 일이나 청소 같은 사찰의 허드렛일을 합니다. 이런 다음 공식적인 시험에 합격해야만 계(사미계, 10계)를 받을 수 있고 수계의식이 끝나면 정식 스님이 되는 것입니다.

기본적으로 스님이 되자면 학력은 고졸 이상, 또는 동등한 자격이나 본사 주지스님의 추천이 있어야 합니다. 계는 아무 때나 임의로 받는 것이 아니고 일 년에 두 번(봄, 가을), 정해진 사찰에서만 받을 수 있습니다.

소속 종단의 총무원에서 날짜를 정하여 각 사찰로 보내면 각 사찰에서는 수계대상이 되는 행자의 기본사항을 소정 양식에 적어서 신청합니다. 수계기간은 약 20일 정도로 이 기간 동안 과연 그가 계를 받고 스님이 될 자격이 있는지에 대하여 각종 시험을 봅니다. 간혹 시험에 떨어지는 사람도 있습니다. 하는 수 없이 다음에 받아야겠지요.

행자로서는 감히 입을 수 없던 가사와 장삼을 처음 입고 계를 받을 땐 정말 기분이 날아갈 듯합니다. '나도 행자생활을 마치고 이제 비로소 계를 받아 정식 스님이 되었다' 는 설레임과 '엄숙한 법복을 받았다' 는 기쁜 생각에 그만 표정 관리가 잘 안 됩니다. ┃윤창화┃

스님이 되면 정말
세속의 모든 인연을 끊어야 합니까

　요즘 입산하는 이들은 어떤지 모르지만 예전엔 정말 스님
이 되면 세속과 모든 인연을 끊어야만 하는 줄로 생각했습니
다. 세속의 옛 친구를 만나는 것은 물론 심지어는 부모 형제
와도 만나지 말아야 하는 것으로 생각했으니까요.

　절에서는 입산하는 사람들에게 세속의 모든 인연을 끊으
라고 강요하지는 않습니다. 세속의 생활을 버리고 수행자가
되고자 입산할 적엔 이미 속세의 인연일랑 어느 정도는 단절
하겠다는 생각을 갖고 있기 때문입니다.

　스님으로서 일생을 살아가고자 하는 입장에서 굳이 세속
과의 인연을 유지한다든가, 또는 새로운 인연을 맺을 필요는
없겠지요. 그렇다고 부모 형제의 인연마저 끊으라는 것은 아

닙니다. 부모 형제의 인연은 천륜이니까 어쩔 수 없이 유지해야 하지만 기타 세속의 인연 — 예컨대 동창생이나 남녀 친구를 자주 만나는 것은 출가 입산의 의미에서 본다면 바람직한 일이 아니겠지요. 또한 수행자의 본분에서도 벗어나는 일일 것입니다.

고려시대의 유명한 고승 보조국사(普照國師) 지눌(知訥, 1158~1210)은 초심자들에게 당부하는 글(《계초심학인문》)에서 "특별한 일도 없이 자주 세속과 왕래하는 것은 도심(道心: 도를 갈구하는 마음)을 잃게 되므로 주의해야 한다"고 강조하고 있습니다.

세속의 옛 인연이나 새로운 인연을 만들어 왕래하는 것은 아무래도 향락으로 가득찬 세속에 마음이 쏠려 끝내는 수행을 포기하게 만들 뿐더러 종교의 세속화를 부추기는 데 일조를 하게 될 것입니다.

부처님께서도 입산 초기에는 세속의 모든 인연을 끊고 오로지 수행에만 전념했습니다. 6년 만에 깨달음을 이룬 뒤 가장 먼저 가르침을 편 사람은 같이 수행하던 교진여 등 여섯 사람이었지만, 교단이 자리가 잡히자마자 그 누구보다 속가에 있는 친인척들을 제도했습니다.

이것은 무엇을 말하는 것일까요. 출가했다고 해서 '부모나 친척들을 나몰라라' '세속과 모든 인연을 완전히 단절하라'는 것이 아니라 수행을 통해 어느 정도 사회를 정화할 힘이 갖추어지면 중생제도에 나서야 함을 강조하고 있는 것입니다. 세속과 빈번하게 왕래해도 마음에 동요가 없을 정도의 절제가 갖추어진다면 그것은 관계 없습니다.

부처님처럼 사랑하는 가족을 제도하고자 하는 애정, 중생을 제도하고자 하는 애정, 어려운 사람, 고통받는 사람들을 보살피고자 하는 애정을 갖고 사회 교화에 나서는 것, 그것이 바로 먼저 깨달은 사람으로서 깨닫지 못한 사람을 인도하는 보살행입니다.

그런 의지와 수행도 아직 갖추어지지 못한 상태에서 세속과의 빈번한 왕래는 자칫 수행자 자신을 타락하게 하는 안타까운 결과를 초래하게 되겠지요. **|윤창화|**

스님은 왜 결혼하지 않습니까

결혼해서 한 남자와 한 여자가 일생의 반려자로 생각하고 살아간다는 것은 때론 저녁 노을처럼 아름답기도 하고 행복을 가득 담은 풍선처럼 느껴지기도 합니다.

하지만 사람에 따라선 정해진 울타리 안을 맴돌면서 항상 가족을 걱정하며 살아가야 하는 고민의 길이기도 합니다. 스님들에겐 이런 풍선도 없지만, 그런 고민도 존재하지 않습니다.

그러나 스님들에게도 나름대로의 풍선이 있고 고민이 있습니다. 스님들의 풍선은 해탈에 대한 풍선, 해탈에 대한 고민입니다. 이것(풍선)을 얻자면 어떻게 해야 할까요. "무소의 뿔처럼 혼자서 가라"는 《숫타니파타》의 경구처럼, 독신

생활과 수행을 통해 해탈을 완성해야만 하겠지요.

독신으로 살아가는 수도자의 삶은 험난하고 고독합니다. 하지만 수도자로서 결혼을 하게 되면 자식을 낳게 되고 자식을 낳으면 교육을 시켜야 하고 돈을 벌어야 합니다. 돈을 벌려면 인생의 일정 부분은 거기에 바쳐야 합니다. 그러다가 보면 어느새 머리가 희끗희끗하고 육신이 자유롭지 못할 때쯤이 되면 죽음의 신이 찾아옵니다.

하다못해 대기업 취직 시험도 무수히 공부를 해야 합니다. 사법고시나 행정고시 같은 것은 더욱 더하여 아예 고시원이나 조용한 곳에 가서 몇 년 간씩 가족도 만나지 않고 두문불출하면서 공부합니다. 그런데 깨달음을 이루고자 하는 일에 있어서 결혼이라는 행복까지 누려가며 한다는 것은 이론상으로는 가능할는지 모르지만 실제로는 어렵습니다.

결혼을 하면 자유로울 수가 없습니다. 사회생활은 무엇보다도 가족을 부양해야 하는 책임이 있습니다. 어떤 사람은 일년 내내 고달프게 일해도 겨우 한 가족 살아가는 데 불과한 경우도 허다하다고 합니다.

무엇을 생각할 겨를도 없습니다. 착하고 부지런히 살아가고는 있지만, 자신의 삶을 되돌아보기란 마음의 여유도 시간적 여유도 없습니다.

이처럼 가족을 부양하며 살아가는 사회생활에서 공부하기란 참으로 어렵다는 사실을 말해 주고 있습니다. 스님들이 결혼을 하지 않는 것은 바로 이런 이유 때문입니다. 아니 그보다는 하고 싶어도 못한다는 표현이 더 어울릴지 모르겠습니다. |윤창화|

스님은 왜 세속을 떠나 스님이 되었습니까

일반인들이 가장 궁금해 하는 것 중의 하나가 "왜 스님들은 속세를 떠나 스님이 되었습니까"입니다. 무슨 사연일까, 무슨 사연이 있길래 부모 형제와 이별하고 입산 출가하는 것일까. 사랑했던 사람도 있었을 텐데. 혹시 삶이, 생활이 그를 속인 것은 아닐까. 많은 추측을 합니다.

세상에는 수많은 사람들이 다양한 삶을 살고 있듯, 속세를 떠나 스님이 되는 이유도 각각 다르다고 할 것입니다. 어떤 사람은 한문으로 된 불경을 막힘 없이 줄줄 읽는 스님을 보고 감동해서, 어떤 사람은 절이 좋아서, 스님이 좋아서, 염불소리에 끌려서 스님이 되기도 하고, 어떤 사람은 세상의 덧없음을 깨닫고 출가하여 스님이 되기도 하고, 어떤 사람은 끝없는 욕망에 탐닉하는 세속적 삶이 싫어져서 스님이 되기도 합니다.

또 어떤 사람은 자신의 삶을 다 바쳐 부처님의 가르침을 닦고 실천하기 위해 스님이 되기도 하고, 어떤 사람은 세속에서 겪은 깊은 상처와 절망 때문에 스님이 되기도 합니다.

이렇듯 세속의 모든 인연을 끊고 스님이 되는 이유는 다양하지만 발단은 세속의 삶에 대한 무상에서 출발합니다.

석가모니 부처님께서도 입산의 발단은 생로병사에 대한 허무였습니다. 한 인간으로 태어나서 가족을 위하여 열심히 살다가 그만 어느 날 갑자기 병들고 늙고 죽어야 하는 무상한 이 삶을 넘어서고자 고민한 끝에 결국 입산하여 6년 간 고행한 결과 깨달음을 성취하셨지요.

죽음이란 사람으로 하여금 슬픔과 비애, 무상을 느끼게 합니다. 가곡 '성불사의 밤'을 지은 이은상 선생의 《무상》이라는 책을 읽어 보신 적이 있습니까. 고등학교를 다니던 동생의 갑작스런 죽음에서 그는 하룻밤 꼬박 원고지를 대면하고 무상을 절규했습니다.

우리는 비록 이런 인생에 대한 허무, 무상 같은 것까지는 못 느낀다 하더라도 가을이 오면 너나할것 없이 허무를 느끼지요. 멀리 보이는 코스모스 핀 언덕 길에서, 파아란 하늘에서, 떨어지는 낙엽에서, 쓸쓸한 가을날에서 우리는 가슴앓이를 합니다.

이 역시 허무에서 출발하고 있는 것입니다. 그럴 땐 어디론가 떠나고 싶지 않으십니까. 유난히 가을을 타는 사람이 있지요. 허무와 무상이 심각해지면 결국 우리는 현실의 삶을 뒤로 한 채 산사를 향하여 발길을 옮기게 되는 것이 아닐까요.

불교는 무상에서 출발합니다. 그렇다고 마냥 허무나 염세에만 빠져 있으라는 것은 아닙니다. 조금은 추상적인 말인 것 같습니다만, 불교의 다른 점, 스님들의 다른 점은 세속적인 고뇌와 절망에서 도피하기 위해서 스님이 되는 것이 아니라 허무나 무상감을 통하여 '영원한 나' '본래적인 나'를 발견하자는 것입니다. **|윤창화|**

스님들의 하루 일과를 알고 싶습니다

　혼자 사시는 스님들께서는 하루 종일 무엇을 하실까. 공부만 하시는 걸까? 처자식과 남편이 있는 신도들의 입장에서는 무척이나 궁금할 것입니다.

　스님들의 하루 일과는 부처님께 올리는 예불(문안인사)로 시작됩니다. 3시, 도량석이 시작되면 스님들은 모두 일어나 세수와 양치를 하고 법당에 들어가 정해진 자기 자리에 앉습니다.

　3시 40분쯤 예불을 시작하여 4시 20분경 끝나면 참선을 하거나 경전 공부 또는 기도를 합니다. 6시 30분에서 7시 사이에 아침 공양을 하고 오전의 여가 시간에 공부를 합니다. 11시경엔 부처님께 올리는 사시마지에 참석하고 11시 30분에서 12시 사이에 점심 공양을 합니다.

  오후 1시부터 5시까지는 역시 공부하는 시간입니다. 5시 30분에서 6시까지 저녁 공양시간, 7시경엔 저녁예불, 8시부터 9시까지 공부, 9시부터 새벽 3시까지 취침시간입니다. 사찰에 따라서 약간의 시간차는 있지만 이것이 하루 일과입니다.

  사찰의 공적인 업무를 맡고 있는 주지스님이나 총무스님 같은 분들, 또는 도심 속에서 교화(포교), 사회봉사 등을 하고 있는 스님들의 경우는 여건상 꼭 이대로 할 수는 없지만, 그 외 스님들의 일과는 예불, 기도, 염불을 비롯하여 개개인이 맡고 있는 일 하기(소임), 그리고 참선, 독경, 경전 연구 등 거의 '공부하기'입니다. 물론 사이사이에 이런 저런 일도 하고 불자들이 오면 불교에 대한 이야기도 해 주어야지요.

|윤창화|

스님의 성이 주로 석釋씨인 까닭은 무엇입니까

　스님들께서 책이나 신문, 잡지에 필자명을 밝힐 때 법명만 쓰는 경우도 있지만 때로는 법명 앞에 '석(釋)'이라는 성씨를 붙여서 "석○○"라고 쓰는 경우도 많습니다. 왜 '석'씨를 쓸까요.

　절에 좀 다닌 분은 거의 다 알 것이고 설사 절에 다니지 않는 분들도 대충은 짐작할 것입니다. 불교의 교주이신 석가모니 부처님의 앞 글자의 '석'자를 따서 '석○○'라고 합니다. "이제 나는 출가 입산하여 영원히 부처님 제자가 되기로 맹서하였으므로 부처님 성씨를 따라 '석'씨를 쓰겠노라"는 의지의 표현이지요.

　그렇다고 자기를 낳아 준 부모님을 '나몰라라' 하는 것은 아닙니다. 부모님은 나를 낳아 준 은인이고 부처님은 나를 깨우쳐 주시는 스승입니다. 인생을 살아가는 데 있어서 부모와 스승만큼 중요한 분들이 또 어디 있겠습니까. 이야기가 좀 다른 데로 흘렀습니다.

석가모니 부처님의 성씨는 정말 '석씨' 일까요. 그렇지 않습니다. 세속의 성씨는 '고타마' 이고 이름은 '싯다르타' 입니다. 석가모니(釋迦牟尼)라고 하는 이름은 '석가족(釋迦族) 출신의 성자(聖者, 모니)' 라는 뜻입니다.

좀더 자세히 설명하면 '석가(釋迦)' 는 부족명(部族名)으로 인도말 '사캬' 의 한자표기이고 '모니(牟尼)' 는 '무니' 의 한자표기입니다. '석가모니' 에서 '석(釋)' 자만 따서 스님들의 성씨로 쓰기 시작한 것은 중국 동진(東晉)시대의 고승 석도안(釋道安, 314~385) 스님의 제안에 의해서 쓰기 시작하였습니다. 그 이전에는 대체로 스승의 성을 자기의 성으로 썼다고 합니다. |윤창화|

스님은 왜 술과 고기를 먹지 않습니까

스님들께서 술과 고기를 먹지 않는 까닭은 불살생(不殺生)의 정신과 청정한 수행을 위해서입니다. 술과 고기를 먹게 되면 간접적이지만 불살생의 계율에 협력하는 것이 되고 또 정신도 탁해지기 때문입니다.

술과 고기는 다 함께 정신을 흐리게 하고 탁하게 합니다. 담배도 마찬가지입니다. 항상 맑고 깨끗한 정신을 유지해야만 부처님의 가르침이 가슴에 와 닿고 수행이 여물어 가는데, 탁하면 정신집중이 잘 되지 않겠지요.

또한 술과 고기는 자비심을 파괴하며 사람으로 하여금 방탕한 행동을 하게 합니다. 악취를 풍기기도 하지요. 수행자가 방탕해지고 악취를 풍겨서야 어찌 청정한 깨달음의 길을 갈 수가 있겠습니까.

사실 스님들은 고역입니다. 절을 벗어나면 어디를 가든지 술, 담배, 고기 냄새가 코를 찌릅니다. 때론 옷에까지 배어 오해를 불러일으킵니다.

그런데 태국이나 스리랑카 등 남방불교와 티베트불교에서는 율장(계율)에 적혀 있는 소·말·코끼리·개·마늘 등 몇 가지를 제외하고는 가리지 않습니다. 티베트 스님들의 주식은 고기와 밀가루이고, 동남아불교의 스님들은 탁발 즉 걸식을 하기 때문에 가릴 수 없습니다. 또 주는 이(보시하는 이)의 공덕을 위하여 주는 대로 공양하게 되어 있기 때문에 음식을 가릴 수 있는 선택권이 없습니다.

계율을 지키는 데 있어서 남방불교(동남아불교)와 북방불교(한국·중국)가 이와 같이 다른 이유는 계율에 대한 관점 차이이고, 또 이념과 문화와 풍토의 차이라고 봅니다. 대승불교권에서는 대승계를, 소승불교권에서는 소승계를 따르면 될 것입니다. |윤창화|

스님은 왜 파 마늘 등 오신채를 먹지 않습니까

　우리나라 절에서는 파·마늘 등의 오신채(五辛菜)를 먹지 않습니다. 오신채란 산(蒜: 마늘)·구(韮: 부추)·총(葱: 파)·해(薤: 달래)·홍거(興渠: 서역에서 나는 미나리과 식물)입니다.

　오신채 가운데 홍거는 범어 '힌구(Hiṅgu)'라는 말을 소리대로 적은 것(음사어)입니다. 홍거에 관한 여러 가지 설명을 종합하고 있는 《불전식물사전》은 홍거는 높이 2미터까지 자라는 대형 식물로서 분포지는 페르시아, 아프가니스탄, 티베트 북부라고 적고 있습니다.

　때문에 옛 중국 스님들이 쓴 책에 의하면 "홍거는 서역에서만 나고 중국에서는 나지 않는다"고 합니다. 우리가 쉽게 볼 수 없는 홍거가 오신채에 포함되어 있다는 사실은 이미 중국이 아닌 인도와 서역지방의 불교에서도 오신채를 금했다는 것을 알 수 있습니다.

세속에서는 파와 마늘이 음식을 조리하는 데 꼭 필요한 채소이지만 스님들이 오신채를 삼가하는 까닭은 이 식물들이 자극성이 강해 음식으로 먹으면 음욕을 일으키고 자주 화를 내게 하여 수행을 방해하기 때문입니다. 그래서 여러 불교경전과 율장에서는 오신채를 먹는 것을 경계하고 있습니다.

《능엄경》에서는 "중생들이 선의 삼매를 구하려면 세간의 다섯 가지 신채(자극성이 강한 식물)를 끊어야 하나니 이 오신채를 익혀 먹으면 음심(섹스)을 일으키고 생으로 먹으면 분노를 더하느니라"라고 설합니다.

또한 《범망경》 보살계의 '식오신계'에서는 "불자로서 마늘·부추·파·달래·홍거와 같은 오신채 등을 음식에 넣어서 먹지 말지니 만약 스스로 먹는 자는 죄를 범하느니라"고 설합니다.

사람은 어떤 음식을 먹는가에 따라서 몸과 마음의 상태가 안정되기도 하고 산만해지기도 합니다. 특히 수행의 깊은 단계에서는 몸과 마음이 매우 예민해져서 자연적으로 수행에

방해가 되는 술, 고기, 오신채 등을 싫어하게 됩니다.

　그런데 절 안에서 공양할 적엔 애초부터 오신채를 넣지 않기 때문에 금할 수 있지만, 도심에서 공양할 적엔 이미 음식 속에 들어가 있는 것을 골라내고 먹는다는 것은 사실상 불가능합니다. 따라서 밖에 나와서는 어쩔 수 없는 일입니다.

ㅣ일지ㅣ

스님의 옷은 왜 회색입니까

　현재 우리나라 스님들이 입고 있는 평상복은 저고리, 조끼, 바지, 두루마기, 동방의(東方衣: 저고리와 두루마기의 중간 형태) 등이며, 이를 가사와 장삼 같은 법복과 구분하여 '승복'이라고 부릅니다.

　스님들의 옷 색깔이 회색인 까닭은 초기불교 교단시절부터 계율로 제정되어 있는 괴색법(壞色法)의 전통을 지키기 위한 것입니다.

　괴색법이란 옷 색이 청·황·적·백·흑, 이 다섯 가지 원색을 피해서 입는 것을 말합니다. 《사분율》이라는 계율책에는 "비구(스님)가 새 옷을 얻으면 반드시 청(靑)·흑(黑)·목란(木蘭)의 세 가지 색으로 염색할 것이니 새 옷을 얻고서도 세 가지 색으로 염색하지 않고 그대로 입으면 죄를 범하니라"라고 규정합니다. 청·흑·목란색을 혼합시켜 물을 들인다면 검은색에 가까운 짙은 땅색이 되겠지요. 그러나 이런 색(짙은 땅색)을 내는 것도 쉽지 않아서 그냥 숯을 갈아서 물들여 입다 보니 회색이 된 것입니다.

스님들의 평상복인 승복과 법복인 가사 장삼의 색은 불교의 발상지 인도를 떠나서 중국을 거쳐 우리나라에 전해지는 과정에서 지역과 시대에 따라서 많은 변용을 거쳤습니다. 왜냐하면 불교를 받아들인 각 민족의 고유의상과 기후, 풍토에 따라 여러 가지 변용이 생겨날 수밖에 없었던 것입니다.

가령 인도와 스리랑카, 태국과 같은 더운 나라에서는 황색가사 한 가지 만으로도 수도생활을 할 수 있었지만 티베트, 중국, 한국과 같이 추운 나라에서는 평상복 위에 다시 장삼과 가사를 입을 수밖에 없었기 때문입니다.

우리나라 스님들의 평상복은 바로 우리 민족이 예부터 입던 한복에다가 먹물이나 숯을 염색하여 회색빛 또는 수묵색을 만듭니다. 숯이나 먹으로 염색할 때 소금과 백반을 첨가제로 사용하면 고루 염색되면서 빛깔도 고와집니다. 염색할 때는 먹물이나 숯물을 잘 희석하여 소금과 백반을 넣고 물들이고자 하는 옷을 푹 삶는 방법이 일반적입니다. 단 삶는 과정에서 옷을 자주 뒤적여주어야 고른 색깔로 염색이 됩니다.

우리나라 스님들이 회색빛 승복을 애용하게 된 것은 괴색에 가까운 먹이나 숯을 구하기 쉬웠기 때문입니다. 오늘날에는 회색빛 화학섬유가 다양한 품질로 생산되어 그대로 승복의 옷감으로 삼고 있습니다.

색채학에서의 회색은 우울이나 무기력을 상징하는 색이기도 하지만 '겸손' '점잖음' 을 상징하기도 합니다. 또 회색은 중성색으로 어떤 색에도 영향을 주지 않고 그 색이 갖고 있는 감정을 그대로 나타내 주는 배경색이라고 합니다.

모든 화려한 색들도 햇빛과 비바람을 맞아 바래게 되면 회색으로 변합니다. 우리나라 스님들의 승복 색깔이 회색인 까닭은 원색의 화려함을 피하면서 차분하고 겸손한 수행자의 품위와 세속의 희로애락을 초월한 스님들의 고요한 심경을 그대로 표현하고 있다고 볼 수 있습니다. ㅣ일지ㅣ

옷색으로 스님들의 위계를 구분할 수 있는지요

　불교에 대하여, 절에 대하여 잘 아는 몇몇 불자들을 제외한다면 승복 색상을 통하여 스님들의 위계(位階)를 구분할 줄 아는 분은 몇 명 되지 않습니다. 승복 색상을 통하여 위계질서를 확립한 지 얼마 되지 않았기 때문입니다.

　10여 년 전만 해도 큰스님부터 행자에 이르기까지 승복 색상은 모두 회색이었습니다. 큰스님이나 노스님의 경우는 연로(年老)하기 때문에 이미 외형적인 모습으로 판단할 수 있지만, 젊은 스님들의 경우는 스님인지 행자인지 구분할 수 없을 때가 있습니다. 그래서 잘 모르는 불자들은 행자를 보고 스님이라고 부르는 경우도 있고, 엉거주춤 '행자스님'이라고 부르는 경우도 있습니다.

　하지만 근래 이르러서는 수계(受戒) 제도가 일원화되면서 옷 색상만으로도 간단히 비구(비구니) 스님과 사미(사미니) 스님, 그리고 행자를 구분할 수가 있게 되었습니다.

먼저 계를 받은 지 3년이 경과하여 비구계나 비구니계를 받은 스님(비구·비구니)들이 입는 옷은 모두 회색입니다. 기존의 승복과 똑같지요. 그리고 사미계를 받은 지 3년밖에 안 되는 스님(사미·사미니)이 입는 옷은 상의(上衣)의 동정이 밤색입니다. 동정이 밤색이면 사미·사미니 스님이고, 모두 회색이면 비구·비구니 스님입니다.

그리고 행자들이 입는 옷은 상하의가 밤색이나 황색(오렌지색)입니다. 밤색은 남자 행자들이 입는 옷이고, 황색은 여자 행자들이 입는 옷입니다. 엄격히 말해 행자들이 입는 옷은 승복이라고 할 수 없고 '행자복'이라고 해야 할 것입니다.

그리고 각종 법회나 행사 때, 예불할 때 착용하는 법복이 두 종류가 있는데 이것을 가사(袈裟)와 장삼(長衫)이라고 합니다. 가사는 인도·네팔·스리랑카·태국·미얀마·중국·티베트·한국·일본 등 전 세계가 똑같습니다. 다만 나라마다 황색·홍색(紅色)·밤색 등 약간의 색상 차이가 있을 뿐입니다. 장삼은 가사보다 한 급 아래의 법복으로 추운 지대 즉 중국·한국·일본에만 있습니다. **|윤창화|**

'스님'이라는 말은 언제부터 쓰게 되었습니까

왜 스님을 '스님'이라고 부르게 되었을까. 오래 전부터 궁금하여 어쩌다 알 만한 사람을 만나면 잘잘못을 따지듯 묻곤 하였습니다.

'스님'이라고 하는 어원에 대하여 알아보고자 합니다. 스님이라고 하는 말은 원래 자기 스승(은사스님)을 높여 부르던 말이었습니다. 어떤 과정을 거쳐 스님들을 부르는 보통명사로 정착되었는지는 분명하지 않습니다.

스님이라고 하는 어원에 대해선 두 가지 설이 있습니다. "스승님에서 가운데 '승'이 떨어져 나가 스님이 되었다." 다음엔 "승님(僧任)이 변하여 스님이 되었다."

첫째, 스승님에서 스님이 되었다는 설: 옛 기록이나 문헌에선 스님에 대한 한자표기로 '스승 사(師)' 자를 썼습니다. 일연의 《삼국유사》에도 '사(師)'로 표기했고(예: 月明師, 正秀師 등), 《심청전》의 '삿님(師님)'도 은사스님을 가리킵니다. 또 자기의 스승을 '사승(師僧)'이라고 썼고, '사주(師主)'라고도 했습니다. 처음엔 자기 스승을 높여서 '스승님' '스승님' 하고 부르던 것이 자연스럽게 '승'자가 떨어져 나가서 '스님'이 되었고, 그것이 점점 발전하여 다른 스님에게도 '스님'이라는 존댓말을 쓰게 되면서 자연적으로 정착되었다는 것입니다.

둘째, 승님(僧任)에서 스님이 되었다는 설: 스님을 한자로 승님(僧任)이라고 표기했습니다. 즉 '승(僧)'자에 높임말 '님'자를 붙여 '승님' '승님' 하던 것이 후대로 내려가면서 '승'자의 받침(ㅇ)이 탈락하여 '스님'으로 부르게 되었다는 것입니다. '승님(僧任)'이 '스님'이 된 것인지, 아니면 한문 전용시대에 스님을 한자로 표기하다 보니 승님(僧任)이 된 것인지 정확하지는 않습니다.

동국역경원장으로 계시던 운허스님께서 1960년대 말경 이희승 이숭녕 등 몇 분의 한글학자와 함께 '왜 스님이라고 부르게 되었는지'에 대하여 진지한 토론이 있었는데 여기서도 두 설에 대하여 결론을 내리지 못했다고 합니다.

아울러 스님의 비칭으로 전락한 '중'이라는 말에 대하여 알아보기로 하겠습니다.

불교승단을 인도에서는 '상가(saṁgha)'라고 했고 한자로 발음을 표기할 적엔 '상가'의 소리(음)만 빌려서 '승가(僧伽)'라고 하며, 줄여서 '승(僧)'이라고 합니다.

상가·승가는 모두 4인 이상의 여러 사람이 모여 사는 '모임' '단체'를 가리키며 화합을 우선시한다는 뜻에서 '화합중(和合衆)'이라고 합니다. 화합중에서 '중(衆)'자만 따서 스님을 지칭하는 대명사 즉 '중'이 되었다고 합니다.

'중'에 대하여 다른 설이 또 하나 있습니다. 1930년대 아유가이(鮎見房之進)라는 일본 학자는 〈잡고(雜攷)〉라는 글에서 "중의 어원은 신라 때 한 마을의 우두머리로서 천신제 등 제사를 주관하던 '차차웅(次次雄)' '자충(慈充)'이 있었는데, 불교가 들어와 스님들이 그 역할을 대신하면서 음이 변하여 '자자웅 → 자웅 → ㅈ + ㅎ → 중'이 되었다"고 했고, 우리나라의 불교학자인 조명기 박사도 그 설을 따랐습니다. **|윤창화|**

행자스님이란 무슨 말입니까

사찰의 예절 중에서도 가장 어렵다고 할 수 있는 것이 호칭에 대한 것입니다. 호칭은 그 분의 인격과 관련되어 있으므로 각별히 조심하지 않을 수가 없습니다.

예컨대 조실스님 · 주지스님 · 총무스님 · 부전스님 · 원주스님 등 직함이 있는 경우에는 직함을 부르면 되고, 직함이 없는 경우에는 그냥 '○○스님'이라고 하여 법명을 부르면 됩니다.

그런데 최근에 여성 불자들 사이에서 자주 들을 수 있는 이상한 호칭이 하나 있습니다. 하도 신기하여 어떻게 저런 호칭이 등장하게 되었을까 하고 혼자 웃기도 합니다. 바로 '행자스님'이라고 하는 호칭입니다. '행자'와 '스님'의 차이는 천양지차인데 어떻게 두 호칭을 혼합시켜 '행자스님'이라는 호칭이 생겼는지 정말 기이합니다.

먼저 '행자(行者)'라고 하는 호칭과 '스님'이라고 하는 호칭을 구분해 드리겠습니다. '행자'란 장래 스님이 되고자 갓 출가 입산한 사람에 대한 호칭입니다. 아직 스님이 아닙니다. 사미계를 받아야 비로소 스님이 되는 것입니다. 사미계는 보통 입산 후 6개월이 지나야 받을 자격이 있습니다.

다음은 '스님'에 대하여 알아보겠습니다. '스님'은 입산하여 행자생활을 거쳐 정식으로 사미계를 받은 분들에 대한 호칭입니다. 행자와 스님은 신분상 현격한 차이가 있습니다. 사병과 장교 차이라고 보면 될 것입니다.

그런데 왜 여성 불자들 사이에서 이 두 호칭을 결합시켜 '행자스님'이라고 하는 호칭이 탄생하게 되었는지 의아하기만 합니다. 잘 알 수는 없지만 우선은 행자와 스님을 잘 구분하지 못하기 때문인 것 같고, 다음은 스님의 경우는 '스님' 그 자체가 존칭이라서 별 문제가 없는데, 행자의 경우는 뒤에 붙는 존칭이 없어서 엉거주춤 '행자스님'이라고 부르게 된 것이 아닌가 생각됩니다.

그렇다면 행자의 경우는 어떻게 불러야 될까요? 뒤에

'님' 자를 붙여서 '행자님' 이라고 부르면 됩니다. 현재 절에서 그렇게 부르고 있습니다. 또 '님' 자가 존칭이기 때문에 절대 결례가 되지 않습니다. 행자들 간에도 서로 'ㅇㅇ행자님' 이라고 부르고 있습니다.

스님과 행자를 구별하는 방법은 간단합니다. 스님은 옷 색이 위 아래 모두 회색이고, 행자의 경우는 남자 행자는 밤색, 여자 행자는 오렌지색을 입습니다. 그러므로 옷 색만 봐도 스님인지 행자인지 금방 구분이 됩니다. **|윤창화|**

부처님의 십대제자에 대하여 알고 싶습니다

부처님에게는 많은 제자들이 있었습니다. 그 중에서도 돋보이는 제자들은 깨닫고 나서 처음으로 녹야원에서 가르침을 펴실 때 부처님께 귀의한 교진여 등 다섯 비구(모두 석가족 출신임)입니다.

그리고 설법할 때는 언제나 1,250여 명의 제자들이 그림자처럼 부처님의 뒤를 따랐다고 합니다. 그런데 이 많은 제자들 중에 '열 명의 제자(십대제자)'가 가장 특색 있고 뛰어났다고 합니다.

다음은 열 명의 제자에 대한 특징입니다.

- 아난존자: 기억력이 뛰어났습니다.
- 가섭존자: 고행력이 뛰어났습니다.

- 목련존자: 기적을 잘 일으켰습니다.
- 사리불존자: 지혜가 뛰어났습니다.
- 수보리존자: 성찰력이 뛰어났습니다.
- 부루나존자: 법문을 잘 했습니다.
- 가전연존자: 논리가 뛰어났습니다.
- 아나율존자: 남다른 시력을 갖췄습니다.
- 우바리존자: 계율을 잘 지켰습니다.
- 나후라존자: 부처님의 아들로서 남모르게 선행을 잘했습니다.

'존자(尊者)'라는 호칭은 일종의 존칭입니다. 우리말로는 '선생님' '어르신네'에 해당할 것입니다. 이 열 명의 제자 가운데에서도 특히 아난존자 · 가섭존자 · 목련존자 · 사리불존자는 경전에 많이 등장하는 분들로 우리 귀에 익습니다.

1) 가섭존자

엄격한 수행생활로 이름이 있던 가섭존자는 원래 결혼해서 살다가 부인과 함께 부처님의 제자가 된 분입니다. 언제나 거친 옷을 입고 볼품 없는 곳에서 생활했고 또 나이가 들었기 때문에 부처님께서는 그에게 "나이가 들었으므로 고행은 그만하라"고 만류했지만 듣지 않았다고 합니다. 아마 황소고집이 있었던 모양입니다. 성격이 대쪽같고 융통성이 전혀 없었으므로 인간적인 매력은 별로 없었던 것 같습니다. 부처님이 돌아가시자 교단을 이끌었고 불경의 편찬작업을 주선하기도 했습니다.

2) 목련존자

부처님보다 나이가 많았던 목련존자는 특히 기적을 일으키는 힘이 대단했다고 합니다.

목련존자는 또한 지극한 효자였는데 어머니를 구하러 지옥으로 내려간 일도 있었다고 합니다. 지옥에 떨어진 영혼을 제도하기 위하여 베푸는 재인 '우란분재'는 목련존자가 어머니를 지옥에서 구해내기 위하여 베푼 것이 그 효시가 됩니다. 사리불과는 둘도 없는 친구였는데 부처님보다 먼저 입멸했으므로 부처님께서는 매우 슬퍼했다고 합니다.

3) 사리불존자

특히 지혜가 뛰어났던 이 분은 부처님보다 나이가 많았다고 합니다. 자이나교에서는 이 사리불존자를 불교교단의 대표로 생각했다고 합니다. 그만큼 이분의 지혜는 누구도 따라올 수 없을 정도로 눈부셨던 것입니다.

사리불존자 역시 목련존자처럼 부처님보다 먼저 입멸했는데 그의 입멸소식을 들은 부처님께서는 "내 오른팔이 떨어졌다"고 애통해 했다고 합니다. 그는 자기가 태어난 고향에서 숨을 거뒀습니다.《반야심경》에 나오는 대목 "사리자 시제법공상(舍利子 是諸法空相)"의 '사리자'는 바로 이 사리불존자를 지칭하는 말입니다.

4) 아난존자

아난존자는 부처님의 사촌 동생으로서 25년 동안이나 부처님의 수행비서 노릇을 한 분입니다. 대단한 미남이었다고 합니다.

부처님이 입멸하신 뒤 불경을 편찬할 때 그 주도적 역할을 한 분이 아난존자였습니다. 경전은 대부분 아난존자의 암기력에 의해 형성되었습니다. 또한 그는 부처님을 설득하여 나라를 잃고 헤매는 석가족의 왕족 여자들을 여승으로 받아들이기도 했습니다. ┃석지현┃

업이란 무엇입니까

불자라면 누구나 다 절에 가서 스님들의 법문을 들어 본 적이 있을 것입니다. 그 가운데 가장 많이 등장하는 단어가 '업(業)'이라는 말입니다.

"그것도 업이다."

"모든 것이 다 업 때문이다."

업! 업! 업! 업. 도대체 '업'이란 무슨 말일까요. 하도 많이 들어서 알기는 어렴풋이 아는 것 같은데 막상 설명하기란 난감하고……사실 그렇습니다.

'업'이란 우리의 행위를 말합니다. 더 자세히 말하면 몸(身)과 입(口), 그리고 생각(意)을 통하여 행해지고 있는 갖가지 착(선)한 행동과 생각, 나쁜(악) 행동과 생각들이 차곡 차곡 축적된 것을 '업'이라고 합니다.

업에는 선업과 악업이 있습니다. 착한 행동 착한 생각은 선업이 되고, 나쁜 행동 나쁜 생각은 악업이 됩니다. 선업은 좋은 결과를 가져오고 악업은 나쁜 결과를 가져옵니다. 그러므로 우리의 하는 짓과 생각이 모두 '업'이 됩니다.

업은 다음 생, 즉 지옥과 극락 중에 어디로 갈 것인가를 결정하는 성적표입니다. 물론 현재의 이 몸도 과거(전생)의 업에 의하여 태어난 것입니다. 따라서 좋은 짓을 많이 하면 행복이 가득한 세상(극락)에 태어나고 나쁜 짓을 많이 하면 고통이 가득한 세상(지옥)에 떨어지게 됩니다.

이처럼 평소 자신이 지은 행위(업)에 따라 좋은 세상에 태어나기도 하고 나쁜 세상에 태어나기도 하는 것을 '윤회(輪廻: 수레바퀴처럼 돌아간다)'라고 합니다. '업'이란 우리로 하여금 끊임없이 여섯 가지 세계(六道: 지옥·아귀·축생·아수라·인간·천상)를 왔다 갔다(윤회) 하게 하는 원인(원동력)을 제공합니다.

업과 윤회에서 벗어나자면 착한 행동을 많이 하여 극락세계에 태어난다가 또는 깨달음을 성취하여 해탈해야 합니다. 일단 극락세계에 태어나면 윤회니, 업이니, 지옥이니 하는

데에서 완전히 졸업하게 되는 것입니다(극락과 천당은 다름. 천당은 윤회하지만 극락은 윤회하지 않음. '극락과 지옥은 정말 있습니까' 참조).

현재의 삶을 살면서 택하고 있는 직업도 전생에 지은 업(業)의 소산으로써 그것도 하나의 업에 속합니다. 업보(業報)라는 말이 있지요. 그 사람의 과거 행위가 현재의 삶에 반영되는 것을 말합니다. 그리고 동업중생(同業衆生)이란 말도 '전생에 지은 업이 비슷한 사람'이라는 뜻인데 의미가 약간 변하여 '끼리끼리 모인다'는 뜻으로 많이 쓰입니다. **|윤창화|**

연꽃은 불교와 어떤 관계가 있습니까

연꽃은 불교 훨씬 이전에 인도신화에서 이미 다음과 같이 언급하고 있습니다.

"비슈누(신)의 배꼽에서 연꽃 줄기가 솟아오르고 창조주 브라마는 이 연꽃 속에서 우주를 창조했다."

불교에서는 부처님이 앉으시는 좌대를 연꽃(蓮華座)이라고 지칭했는데 그 이유는 연꽃은 진흙 속에서 자라지만 진흙에 물들지 않기 때문입니다. 우리가 부처님의 가르침을 따르게 되면, 비록 나쁜 환경 속에 살더라도 때묻지 않고 마침내는 부처님과 같이 될 수 있다는 것입니다.

연꽃은 대략 다음의 네 가지 상징으로 쓰이고 있습니다.

첫째, 우리의 본성을 상징합니다. 더러움 속에 있지만 그러나 더러움에 물들지 않는 연꽃처럼 우리의 본성도 그렇다는 것입니다.

둘째, 연꽃은 부처님 자신(佛)을 뜻하기도 합니다. 왜냐하면 연꽃이 모든 걸 정화시키듯 부처님은 이 세상 전체를 정화시키기 때문입니다.

셋째, 연꽃은 심장을 뜻합니다. 생명의 원천을 뜻합니다.

이렇듯 많은 뜻을 가지고 있는 연꽃은 불교의 상징이며, 부처님의 상징이며, 나 자신의 상징이기도 합니다.

불상 조각이나 법당 건축물을 자세히 보게 되면 여러 모양의 연꽃문양이 조각돼 있음을 볼 수 있습니다. 그만큼 불교와 연꽃은 깊은 관계가 있는 것입니다. 그리고 이 세상을 떠난 영가(영혼)가 극락세계에 가서 태어날 때는 연꽃 속에서 태어난다고 합니다.

또한 연꽃은 이집트의 국화이기도 한데《이집트 사자의 서(死者의 書)》를 보게 되면 사람이 죽어 저 세상에 가서는 연꽃봉오리 속에 태어난다고 합니다. **|석지현|**

염라대왕은 어떤 분입니까

염라대왕의 본명은 염마왕(閻魔王)인데 '죽은 사람을 심판하는 신'으로 원래는 고대 인도의 야마신(yama神, 죽음의 신)을 가리킵니다.

염라대왕은 죽은 이들이 집단으로 거주하는 저승세계, 사후세계를 통치하는 분입니다. 일평생 지옥에서 고통받는 불쌍한 중생들을 건지고자 애쓰시는 지장보살과는 본의 아니게 껄끄러운 사이입니다.

염라대왕은 수시로 장부를 열람하여 죽을 때가 된 사람에게 저승사자(옥졸)를 보내어 저승으로 데리고 옵니다. 생전에 그가 저지른 선행과 악행을 모조리 조사하여 극선자는 극락으로 극악자는 즉시 지옥으로 보내고, 선과 악이 비슷한

자는 49일 동안 심사숙고하여 심판합니다.

이 기간을 '중음(中陰)'이라고 하는데 말하자면 현세(금생)는 막을 내리고(죽었으니까) 내생은 아직 결정되지 못한 미결수들이 초초하게 판결을 기다리는 기간입니다. 이 기간 가족이나 친지들이 망자를 위하여 보시를 하거나 부처님과 스님들께 공양을 올리면 형량을 감량시켜 지옥행 열차에 탈 자를 축생(짐승)행 열차에, 축생행 열차에 탈 자를 인간행 열차에 태우는 경우도 있습니다.

하지만 염라대왕은 원칙적으로 공정한 입장에서 사심없이 선과 악을 구분하여 판결할 뿐 이승에서의 신분과 귀천 등 개인적인 사정은 조금도 고려하지 않습니다. 다만 망자라도 누군가가 그를 위하여 열심히 보시를 하거나 기도를 하거나 훌륭한 일을 할 때에는 정상참작을 한다는 것이지요.

망자가 걸어가야 할 저승길은 멀고도 험합니다. 들려오는 이야기로는 저승의 세계는 이승에서 약 9만 리, 칠흑같은 어둠 속에서 험준한 산과 깊은 강을 건너 3일 밤낮을 부지런히 걸어야만 비로소 닿는다고 합니다. 산 넘고 물 건너 3일 밤낮 9만 리, 여기서 이미 죽은 자의 영혼은 기가 팍 죽게 됩니다.

저승의 사자는 이승의 경찰, 저승의 염라대왕은 이승의 대법원장, 저승은 극락과 지옥이 갈라지는 운명의 장소입니다. 그래서 살아생전에 가능한 복을 지으려고 노력하고, 또 망자를 위하여 49재와 천도재를 올리며 명복을 비는 것입니다. |윤창화|

염불은 왜 합니까

새벽 산사의 적요한 법당에서 울려 퍼지는 염불소리를 들으면 자신도 저 범종 소리와 함께 서방정토로 가고 있는 듯한 기분이 듭니다. 염불은 사람의 마음을 깊게 만들고 일상에서 느끼지 못한 정서적인 여운을 갖게 합니다.

불교의 가르침과 신앙을 닦아 마음을 밝히고 지혜를 체득하는 수행법으로는 참선 · 염불 · 간경(看經: 경전의 독송과 연구) 등이 대표적입니다.

이와 같은 여러 가지 수행법 가운데 가장 대중적인 수행법이 바로 염불입니다. '나무아미타불' '관세음보살' '지장보살' 또는 《천수경》을 외우는 것은 남녀노소, 유식과 무식, 빈부의 차이 없이 누구나 할 수 있기 때문에 "노는 입에 염불하라"라는 속담도 생기게 된 것입니다.

염불이란 부처님 명호(이름)를 외워서 번뇌와 고통에서 해탈하는 수행법입니다. 염불에는 부처님의 모습을 관하는 (마음 속으로 그리는) '관상염불(觀想念佛)'과 부처님의 이름을 외우는 '칭명염불(稱名念佛)'이 있습니다.

관상염불이란 부처님의 거룩하신 모습을 일념으로 관하는 수행에 의해서 부처님을 만나며 또한 부처님과 문답을 통하여 성불하는 것입니다.

칭명염불이란 부처님 명호(이름)만을 지극한 마음으로 끊임없이 외우는 것입니다. 즉 '나무아미타불' 이 여섯 글자만 외우고 부르며 기도해도 업장이 소멸되고 정토(극락)에 왕생할 수 있다는 신앙입니다. 아미타불의 명호는 단순히 부처님의 이름뿐만이 아니라 아미타불에 대한 절대적인 귀의이며 발원의 표현이기 때문입니다.

《무량수경》에서 설하고 있는 법장비구의 48원 가운데 제18원은 '십념왕생원'으로 아미타부처님의 명호를 열 번만 불러도 극락세계에 왕생한다고 합니다.

또 큰 소리로 염불하면 열 가지 공덕을 얻습니다. 졸음을 없애 주는 공덕, 악마가 놀라서 도망가는 공덕, 염불소리가 시방에 울려 퍼지는 공덕, 지옥과 아귀 축생이 고통을 쉬는 공덕, 마음이 산란하지 않는 공덕, 용맹정진하게 되는 공덕, 모든 부처님이 기뻐하시는 공덕, 삼매를 얻는 공덕, 극락세계에 왕생하는 공덕 등입니다.

일연스님이 지은 《삼국유사》에는 '염불사(念佛師)'라는 스님의 이야기가 실려 있습니다.

경주 남산 동쪽 산기슭에 있는 피리사에 사는 한 스님은 항상 아미타불을 불러서 그 소리가 성 안까지 들렸는데 당시 360방 17만 가구의 사람들이 그 소리를 모두 들었습니다. 소리는 크고 낭랑하기가 한결 같았습니다. 때문에 사람들은 그 스님을 공경하지 않는 이가 없었고 모두 그를 '염불사'라고 불렀다는 것입니다. 염불하는 스님의 아름답고 신비한 공덕을 말해 주는 이야기입니다.

또한 《삼국유사》에 실린 노힐부득과 달달박박, 광덕과 엄장, 가난한 노비인 욱면비라는 사람이 염불하여 왕생하였다는 이야기는 모두 염불공덕을 말해 주는 아름답고 신비한 이야기입니다. ┃일지┃

염주에 대하여 알고 싶습니다

염주(念珠)란 '염불하는 수를 헤아리는 구슬'이란 뜻으로 일정한 수량의 구슬이나 나무 열매 알을 꿰어만든 신앙 용구입니다. 염주의 역사는 깁니다.

인도의 고대 우파니샤드 시대에 이미 염주가 등장하고 있습니다. 이 힌두교의 염주가 불교에 들어와서 불교의 염주로 발전한 것입니다.

염주 알의 수는 108개가 기본인데 '108'이란 숫자는 108번뇌를 뜻합니다. 부처님의 명호(이름)를 부르며 염주 알을 헤아리게 되면 108번뇌의 구름이 벗겨지고 깨달음의 경지를 체험하게 된다는 것입니다.

그런데 이 염주에는 다음과 같이 길고 짧은 네 가지가 있습니다.

첫째, 짧은 염주(短珠), 염주 알이 14개, 27개
둘째, 중간 염주(中珠), 염주 알이 54개
셋째, 108염주(百八念珠), 염주 알이 108개
넷째, 긴 염주(長珠), 염주 알이 1,080개

짧은 염주(단주)와 중간 염주(중주)는 간편한 휴대용으로 쓰입니다. 108염주는 기도와 염불용으로 쓰이며 목에 걸기도 합니다. 그리고 긴 염주(장주)는 장시간 기도할 때 또는 1,000배 혹은 3,000배의 절을 할 때 그 수를 헤아리기 위하여 사용됩니다.

염주를 만드는 재료에는 보리수 나무 열매와 옥이나 보석 등 여러 가지가 있는데 일반적으로는 보리수 열매(보리자)가 널리 쓰이고 있습니다.

그리고 이 염주의 사용법에는 다음의 세 가지가 있습니다.

첫째, 목에 거는 예(절에 갈 때나 외출 시)
둘째, 가슴에 사선으로 거는 예(버마의 경우)

셋째, 손에 쥐는 예(염불할 때나 독경, 절을 할 때)

　가톨릭의 묵주는 불교의 염주에서 유래되었습니다. 회교도들도 '수바'란 이름으로 염주를 사용하고 있는데 수피(회교명상가)들이 인도에서 가져간 것입니다. 이 수피의 '수바'가 십자군 전쟁 때 가톨릭으로 전해져 '묵주'가 되었다고 합니다.　**|석지현|**

영단은 어떤 곳을 가리키는 말입니까

영단(靈壇)은 죽은 이의 영혼을 안치하여 제사를 올리는 곳을 말합니다. 불교에서는 죽은 이의 영혼을 '영가(靈駕)'라고 하고 영가의 극락왕생을 기원하는 의식을 '49재' 또는 '천도재'라고 합니다. 죽은 이, 즉 영가의 상징물인 위패(位牌)나 사진 등을 올려 놓고 영혼을 위로하며 명복을 비는 제단(祭壇)이 바로 영단입니다.

영단은 어느 절이든 대체로 부처님을 모신 법당 안 좌측에 설치하는데 그 이유는 법당 안에서 아침저녁으로 늘 염불소리를 듣고 속히 깨달아 극락세계에 왕생하라는 뜻에서 법당 안의 부처님 곁에 설치하는 것입니다. 중생을 제도하고자 하는 부처님의 염원이 담긴 특별한 배려라고 할 수 있습니다.

과연 영가들이 염불이나 독경 소리를 듣고 깨달음을 얻어 해탈할 수 있을까.

"우리 어머니는 옛 노인이라서 한글도 모르시고 한문은 더욱더 모르시는데……."

이렇게 생각할 수 있을 것입니다. 하지만 정반대로 그렇지 않습니다. 사람은 일단 죽으면 육체는 없어지고 영혼만 남게 되는데 영혼의 지능지수는 살아 있는 사람의 지능보다 여덟 배가 더 높아서 평소 살아생전에는 모르던 글씨, 모르던 말도 거의 다 알아듣는다는 것입니다. 뿐만 아니라 가족들이 자기를 어떻게 생각하고 있는지도 다 알고 있습니다.

따라서 영단에서 제사를 올리거나 49재를 올릴 적에는 항상 깨끗한 생각을 가져야 합니다. 그래야만 영가가 속히 고통의 세계를 벗어나 극락왕생을 할 수가 있는 것입니다.

| 윤창화 |

예불은 왜 합니까

　부처님께 절을 올리는 것을 예불·예경·예배라고 합니다. 스님들은 날마다 새벽 4시, 저녁 7시 무렵이면 어김없이 법당에 모여 조석예불을 올립니다. 이는 스님들이 가장 중요하게 생각하는 일과의 하나입니다.

　신자들도 절에 가면 반드시 법당에 가서 부처님께 지극한 마음으로 3배를 올립니다.

　예불이란 아침·저녁에 올리는 문안인사와 같은 것으로서 진실되게 몸과 마음과 입으로 부처님께 예배를 올리는 것입니다.

　예불의 역사는 매우 오래 되어서 부처님 당시에도 스님들과 신자들은 부처님을 뵈오면 먼저 합장과 절로써 예를 올리고 설법을 청하였습니다.

예불의 방식은 부처님께 절을 올리는 예배와 염불로서 찬탄하는 예경이 있습니다. 그 어느 것이건 몸과 마음으로 공경을 다하는 절이야말로 부처님 가르침에 진정으로 귀의하는 행위입니다. 또한 지극한 마음으로 올리는 절은 예배하는 자기 자신을 갈고 닦는 수행의 하나이기도 합니다.

절에서는 아침·저녁 예불 때, "지극한 마음으로 귀의합니다(지심귀명례)"로 시작되는 예불문을 독송합니다. 온 절의 스님들이 한 자리에 모여서 장엄하고 우렁찬 목소리로 부처님의 자비와 지혜를 찬탄하고 "부처님을 본받아 살아가겠다"라고 다짐하는 것입니다.

실제로 항상 예불하는 스님과 신자들을 보면 얼굴에 자신감이 넘치고 빛이 납니다. 더욱이 부처님께 절을 많이 하는 여성은 얼굴에 주름살이 없어지고 예뻐지며 마음이 더없이 평화롭다고 절하는 여성 자신들이 말하기도 합니다.

왜 이런 공덕을 얻게 되는 것일까요? 절을 통해서 탐욕과 이기심을 버리고 부처님께 귀의하는 순수한 마음을 얻었기 때문입니다. |일지|

오계와 십계에 대하여 알고 싶습니다

　불교의 계율은 부처님 생존시부터 만들어지기 시작하여 점차 후대로 내려오면서 지켜야 할 조목이 더욱 많아지고 구체화 되었습니다.

　그 중에서도 5계와 10계는 가장 기본이 되는 중요한 '계(戒)'로서 보통 '계율(戒律)'이라고 합니다. 계(戒)는 개인이 자발적으로 지켜야 할 조목이고, 율(律)은 집단생활에서 공통적으로 준수해야 할 규칙입니다.

　불자로서 또는 스님으로서 지켜야 할 '규칙'과 '덕목'으로 마치 사회의 한 단체나 또는 그곳에 소속된 사람들이 지켜야 할 사항과 같은 것이지요.

　5계는 다음과 같습니다.

첫째, 살생하지 말아라.

둘째, 남의 것을 훔치지 말아라.

셋째, 음행(잘못된 남녀 관계)하지 말아라.

넷째, 거짓말하지 말아라.

다섯째, 술을 마시지 말아라.

5계는 주로 일반 불자(신도)들이 받는 계입니다.

10계는 여기에 다음의 다섯 가지 조목을 추가합니다.

여섯째, 꽃다발을 쓰거나 향수를 바르지 말아라.

일곱째, 노래와 춤 풍류를 즐기거나 보지 말아라.

여덟째, 높고 넓은 큰 평상에 앉지 말아라.

아홉째, 공양 때가 아니면 먹지 말아라.

열째, 금 은 등 보화를 갖지 말아라.

이것이 10계입니다. 오계는 일반 불자나 신도님들이 받는
계로서 아주 기본적인 것입니다. 이것만 지켜도 그는 훌륭한
인격의 소유자일뿐더러 남들이 존경하지 않을 수 없겠지요.
막상 이 다섯 가지도 지키기 쉽지 않습니다.

그 가운데 세번째 '음행하지 말아라' 는 남녀 관계인데 부

부가 함께 자식을 낳고 사는 입장에서는 어떻게 이해해야 좋을까요. 부부 외의 다른 사람과의 관계는 안 된다고 생각하면 됩니다. 이 다섯 가지 계는 불자들만이 아니라 일반인들도 개인의 좌우명으로 삼아도 좋을 덕목이지요.

10계는 오직 스님에 한해서 받는 계이고 일반인이 받는 계는 아닙니다. 물론 받아서 지킬 수만 있다면 더할 나위 없이 좋은 일이지만 사회생활의 구조상 오계도 지키기가 쉽지 않은데 10계까지는 사실상 불가능한 것이지요.

이 외에도 대승보살(여성 불자가 아닌 관세음보살 같은 분)이 받는 48경계(四八輕戒, 보살계라고도 함), 비구스님이 받는 250계(비구계·구족계), 비구니스님이 받는 348계(비구니 구족계)가 있습니다만, 이 역시 모두 스님들이 받는 계입니다.

그런데 언제부터인지 대승보살이 받는 보살계를 여성 신도들에게도 주고 있는데 '보살처럼 훌륭한 행을 실천하라'는 뜻인 것 같습니다. 불자로서 계를 받는다는 것은 바로 부처님 제자가 되겠다는 약속이자 자신과의 약속이기도 합니다. ❙윤창화❙

옴 마니 반메 훔에 대해서 알고 싶습니다

'옴 마니 반메 훔'은 부처님과 보살의 진실한 말씀을 한 구절에 갈무리하고 있는 짧은 문구로서 보통 '진언(眞言: 진실한 말)'이라고 하는데 범어로 되어 있습니다.

'옴 마니 반메 훔'이라는 진언의 원래 명칭은 '관세음보살 본심미묘 육자대명왕진언'입니다. '옴 마니 반메 훔' 즉 육자대명왕진언은 예부터 우리나라 불자들이 불공을 올릴 때 가장 많이 독송하는 《천수경》에도 실려 있으며, 특히 최근 티베트불교에 대한 관심이 높아지면서 더욱 널리 알려지게 되었습니다.

옴(Oṁ)은 a. u. m. 세 글자의 합성어로서 불교의 법신·보신·화신을 나타내기도 하며, 귀의(歸依) 공양을 의미하기도 합니다.

마니(maṇi)는 보배구슬을 의미하며 반메(padme)는 연꽃입니다. 훔(hūṃ)은 휴식음의 의성어입니다. 즉 '옴 마니 반메 훔'은 부처님의 지혜와 공덕을 찬탄하는 "옴; 연꽃 속의 보석이여!"라는 뜻으로 풀이될 수 있습니다.

육자대명왕진언은 선정을 닦고 해탈의 경지를 얻어서 윤회의 사슬을 끊는 진언이었지만, 점차 재난의 예방, 복덕의 증익, 두려운 존재를 다스리는 진언으로도 사용되기에 이르렀습니다.

티베트불교에서는 이 진언이 지혜와 해탈, 복덕의 근원이라고 여기고 "만약 어떤 사람이 육자대명왕진언공덕을 한 번만 외우기만 해도 윤회에서 벗어난다"고 합니다. 티베트의 불교도들은 항상 이 진언을 독송할 뿐만 아니라 석판에 새기고 깃발에 적어서 매달아 두기도 합니다.

티베트를 여행한 한 여행자는 "곳곳의 바위에 '옴 마니 반메 훔'이라는 여섯 글자가 새겨져 있다. 이것만을 조각하기에도 보통 힘든 일이 아니었을 것이다"라고 쓰고 있습니다.

이와 같이 육자대명왕진언 '옴 마니 반메 훔'은 티베트불교는 물론 중국과 한국의 염불에서 가장 많이 독송되는 진언입니다. **|일지|**

우담바라는 어떤 꽃입니까

우담바라(Uḍumbara, 優曇鉢華)는 무화과 나무의 일종(學名은 Ficus glomerata)입니다.

봄부터 여름에 걸쳐 잎겨드랑이에서 열매 같은 꽃 이삭이 달리고 그 안에 작은 꽃이 많이 핍니다. 그러나 꽃이 아주 작아서 곁에서는 이 꽃들이 전혀 보이지 않으므로 '무화과(無花果: 꽃이 없는 열매나무)'라고 부르게 된 것입니다. 이 때문에 우담바라 나무는 삼천 년에 한 번 부처님이 출현하시면 꽃이 핀다는 전설을 갖게 됐습니다.

불교경전(《법화경》 방편품)에는 이 우담바라 나무의 꽃을 아주 희귀한 것에 비유하기도 하고, 불법을 만난 인연에 비유하기도 하고, 또 깨닫는 그 순간에 비유하기도 했습니다.

그런데 몇 해 전 청계산 청계사에 우담바라 꽃이 피었다고 하여 신도들이 몰려갔던 일이 있었습니다. 관세음보살상의 우측 눈가에 좁쌀 알 만한 크기의 우담바라꽃이 21개나 피었다는 것입니다. 절에서는 백일기도에 들어가는 등 그야말로 온 나라가 떠들썩했습니다. 신문에서는 아예 사진기사까지 내는 등 맞장구를 쳤고 '아니다' '사실이다' 는 찬반논이 팽팽히 맞서기도 했습니다. 이어서 관악산 연주암의 불상과 동자상에도 우담바라꽃이 피었다고 또 한 번 야단법석을 떨었습니다.

그러나…… (쓴웃음) …….

경전에서 말하고 있는 우담바라꽃은 눈으로 볼 수 있는 그런 꽃이 아닙니다. 오직 내적인 체험을 통해서만 느낄 수 있는 상징적인 꽃입니다.

불자라면 누구나 한 번쯤은 자기 안에서 이 우담바라꽃이 피는 법열(法悅)을 맛봐야만 합니다. 불법(佛法)과의 만남에서 오는 감사한 마음과 희열감, 그것이 바로 우담바라꽃이 피는 순간입니다. **|석지현|**

우란분재는 어떤 날입니까

음력 7월 보름을 우란분재일(盂蘭盆齋日), 백중(百中), 또는 백종일(百種日)이라고 합니다. 이 날은 돌아가신 부모님과 선조들의 왕생극락을 비는 날로 몸과 마음을 깨끗이 하고 사찰을 찾아가 효도를 해야 하는 것입니다.

불교에서 우란분재를 지내기 시작한 것은《우란분경(盂蘭盆經)》에 바탕을 두고 있습니다. 부처님 제자인 목련존자가 지옥에 떨어진 부모님을 구제한다는 효성스러운 이야기가 《우란분경》의 줄거리입니다.

어머니를 여읜 목련존자가 어느 날 신통력으로 '돌아가신 어머님이 어디에 태어났을까' 하고 살펴보니 아귀의 세계에 떨어져 갖가지 고통을 받고 있었습니다. 목련존자는 그만 정신을 잃고 말았지요. 황급히 부처님께 달려가 '어떻게 하면 어머니를 구할 수 있느냐 고 상담하였습니다. 제자의 효심에 감동한 부처님께서는 유일한 방법을 가르쳐 주었습니다.

"음력 7월 15일 하안거(스님들이 3개월 간의 공부를 마치는 날)가 끝나는 날 갖가지 음식과 다섯 가지 과일 · 기름 · 등불 · 평상 · 좌복 등을 갖추어 많은 스님들께 공양하면 어머니가 아귀의 고통에서 벗어나게 될 것이라."

음력 7월 15일, 깊은 슬픔에 잠겼던 목련존자는 정성을 다하여 스님들께 공양했습니다. 그랬더니 정말 어머니께서는 아귀의 세계에서 벗어났다고 합니다. 정말 효성스러운 아들이지요. 이런 아들만 낳는다면 자식 키우는 재미가 더없이 쏠쏠할 것입니다.

우란분재(盂蘭盆齋)의 본래 말은 우란분으로 '거꾸로 매달린 것을 구해 주는(盂蘭) 그릇(盆)'이라는 뜻이고 재(齋)는 '몸과 마음을 깨끗이 한다'는 뜻인데 불교에서는 부처님과 스님들께 공양을 올린다거나 망자의 명복을 비는 불공의식을 '재'라고 합니다(49재, 천도재, 예수재 등).

세시풍속을 기록한 옛 책엔 이렇게 기록되어 있습니다.

"7월 15일을 백종일, 백중절, 또는 망혼일(亡魂日)이라고도 하는데 스님들이 절에서 재를 올리고 부처님께 공양하는 날이다. 신라 고려 때에는 우란분회(백종)를 열어 속인들도 함께 공양하였으나, 조선시대에 들어와서는 주로 스님들만 의 행사가 되었다. 백종일 밤에는 술·안주·떡·밥·과일 을 차려놓고 망친(亡親)에 재를 지내는 까닭에 망혼일(亡魂 日)이라고도 했고 과일과 채소가 많은 때이므로 백 가지 음 식을 차린다 해서 '백종일'이라 부르는 것이다."

우란분의 어원에 대해서 《석씨요람》에는 "우란은 산스크 리트어 울람바나(ullambana)와 한자어 분(盆)의 합성어로서 그 뜻은 '거꾸로 매달린 것을 구해 주는 그릇'이라는 뜻이 다"라고 기록되어 있습니다.

또 중국의 고승 의정(義淨)은 "우란은 서역지방(중앙아시 아)의 말인데 '거꾸로 매달린 것을 구해 주는 그릇'이라는 뜻이다"라고 하여 이것이 종래의 통설이었다. 그런데 최근 일본의 학자는 "이 지역에 예부터 이란계통의 여러 민족이 살고 있었는데 이란에서는 죽은 사람의 영혼을 '우르반'이 라고 부르고 이 우르반이 우란분의 어원이라"는 것입니다.

죽은 이와 관련이 있다는 면에선 큰 차이가 없는 것 같습 니다. 하여튼 인도나 중앙아시아에서는 예부터 백중쯤에 죽 은 이를 천도하는 풍속이 있었던 것 같습니다. |윤창화|

울력이란 무엇입니까

여러 사람이 힘을 합하여 일을 하거나 또는 어떤 일을 이루는 것을 '울력한다' 고 합니다.

주로 하절기에는 텃밭을 가꾸거나 사찰 안팎을 말끔히 청소하고, 동절기에는 김장 등 겨울나기 준비를 하거나 수북이 쌓인 눈을 치웠습니다. 또 사찰의 각종 공사에 일손을 돕기도 했습니다.

지금도 큰 절에서는 울력하는 일이 많이 있습니다. 언제든지 울력할 일이 있으면 주지스님이나 원주스님이 판단하여 목탁을 쳐서 신호를 보내면 대중들이 모여서 울력을 하게 됩니다. 길게 세 번 치는 것이 울력 목탁입니다. 스님이든 신도든 지위고하를 막론하고 반드시 참여해야 합니다. 울력에 빠지면 그에 대한 평도 나쁘고 요샛말처럼 왕따를 당하기 때문에 몸이 아프거나 특별한 경우를 제외하고는 빠질 수 없습니다.

울력의 어원은 대개 불교용어로 '운력(運力)'이 음변화를 일으켜 '울력'이 되었다고 생각해 왔습니다. 그러나 울력은 순수한 우리말로서 마을에 길흉사가 있거나 일손이 모자라 쩔쩔매는 집에 마을 사람들이 모여 무보수로 도와주는 협동 방식을 '울력한다'고 하였습니다. 품앗이와는 비슷하면서도 다른 점은 무보수입니다.

마을에 울력할 일이 있으면 마을의 유지나 어른이 울력을 소집하는데 일손이 모자라는 집에 가서 일을 도와 주는 경우도 있고, 마을의 공동공사나 청소를 하는 경우도 있었습니다.

우리나라엔 예부터 어느 곳이나 다 있었고 20여 년 전만 해도 전라도 남쪽지방에선 '울력한다'고 하여 동네 사람들이 모여서 마을 청소나 공동의 일을 하였습니다. 지금은 거의 사라지고 오히려 사찰에만 남아 있지만 농사가 주축이었던 옛 사회에서 울력은 협동정신의 모델이자 아름다운 풍속이었습니다. |윤창화|

원주·별좌·도감·회주스님은
무엇을 하시는 분입니까

한 절의 살림살이를 모두 관장하는 스님, 또는 큰 절에 딸린 암자의 책임자를 '원주(院主)스님'이라고 합니다.

원주스님이 하는 일은 그 절에 살고 있는 대중들의 숫자를 파악하여 짧게는 하루, 길게는 결제기간에 소요되는 식량과 반찬·부식 등 대중스님들이 필요한 모든 물자를 조달 관리하는 일을 맡고 있습니다.

뿐만 아니라 한 해의 살림살이까지 미리 생각하고 준비해야 하므로 봄이 되면 장을 담그고 산나물을 삶아서 말리는 사소한 일까지 모두가 원주스님의 소관입니다. 그러므로 원주스님은 경험과 경력이 많고 사찰 살림살이에 남다른 안목과 솜씨가 있는 스님이 그 직책을 맡습니다.

본래 중국 선원에서 원주의 직책과 역할은 지금 우리나라의 원주 같은 직책이나 역할이 아니라 글자 그대로 한 사찰을 총괄하는 주인(院主)으로서 주지스님에 버금가는 상당한 직책이었는데 후대로 내려오면서 그 역할이 축소되어 살림살이를 관장하는 소임으로 변한 것입니다.

별좌(別座)스님은 주로 부처님께 또는 대중스님들이 공양할 음식을 만드는 소임을 맡고 있습니다. 원주스님의 일을 보좌하면서 주로 음식을 만들고 배분하는 일을 맡고 있습니다.

도감(都監)스님 역시 사찰의 살림살이를 총감독하는 스님입니다. 원래는 한 사찰의 금전출납과 회계 · 대외 업무 · 각종 토목공사와 농사일까지 모두 관장했으나 지금은 그 역할이 축소되어 원주스님이 맡은 일과 거의 중복이 되고 있습니다. 아직도 큰 절에는 도감을 두어 절에서 일하고 있는 일반인 관리 · 농장 · 토목공사 등 주로 큰 일들을 맡고 있습니다.

회주(會主)는 한 법회나, 불사, 모임, 또는 단체나 문도의 대표를 가리키는 말입니다. 커다란 한 회상(會上)의 주재자라는 의미인데 우리나라에서 본격적으로 사용하기 시작한 것은 1980년대 초부터입니다. **┃윤창화┃**

윤달과 불교는 어떤 관련이 있습니까

윤달은 1년 열두 달 외에 한 달이 더 있는 것을 말합니다. 그래서 윤달을 여벌달, 공달, 또는 덤달이라고도 부릅니다. 흔히들 윤달엔 '손'이 없는 달, 즉 다른 달과는 달리 탈이 없는 달, 나쁜 데 걸릴 것이 없는 달이라고 하여 예로부터 집수리나 이사도 하고, 또는 조상의 산소를 고치거나 묘를 이장하기도 했습니다. 뿐만 아니라 결혼식도 윤달에 했고, 노인이 있는 집에서는 수의도 반드시 윤달에 만들었습니다.

윤달은 가욋달로서 실제로는 '없는 달' '없는 날'입니다. 그러므로 무슨 일이든지 부정을 타는 일이 없으므로 윤달엔 이런 여러 가지 일을 많이 합니다. 사실 지금은 일요일이면 무조건 이사·결혼·집들이 등을 하지만 시골 어른들은 아직도 무엇을 할 적엔 탈 없는 날을 받습니다.

옛 풍속을 적어놓은 《동국세시기》라는 책에는 윤달과 불교에 대하여 이렇게 기록하고 있습니다.

"광주 봉은사(지금의 삼성동 봉은사)에서는 매양 윤달이 되면 서울 장안의 여인들이 다투어 와서 불공을 드리며 돈을 자리 위에 놓는다. 이렇게 하면 극락세계로 간다고 하여 사방의 노인들이 분주히 달려왔다. 서울과 그 밖의 절에서도 대개 이러한 풍습이었다. 그리하여 윤달이 다 가도록 끊이지 않았다."

그래서 경기 서울지역에서는 윤달에 절 세 곳을 참배하면 모든 액운이 소멸된다고 하여, 지금의 강남 봉은사와 서대문 밖의 백련사 그리고 봉원사, 이렇게 세 절을 참배하는 것으로 아예 정해져 있었고, 영남 등 기타 지역도 윤달에 불공을 드리는 일이 많았습니다.

특히 윤달엔 전국적으로 생전예수재, 천도재, 수륙재, 지장기도 등을 많이 올립니다. 이 역시 윤달에 돌아가신 조상을 천도하고 자신의 공덕도 닦기 위해서입니다. **|윤창화|**

인연, 인연법이란 무슨 말입니까

　일반적 언어인 '인연(因緣)'이라는 말과 불교의 전문용어인 '십이연기(十二緣起)'라는 말은 크게는 같으면서도 용도와 뉘앙스는 좀 다릅니다.

　일반적으로 인연이라고 하는 말은 '어떤 계기' '연고' '친분' '관계' 등을 가리키는 말이고, 십이연기란 불교의 중요한 교리 사상으로서 "이것이 있기 때문에 저것이 있게 되었다. 이것이 생기면 저것도 생긴다. 이것이 존재하지 않으면 저것도 존재하지 않는다. 이것이 멸하면 저것도 멸한다"는 식의 상호 의존하면서 생멸하는 열두 가지 관계를 설명하고 있는 말입니다.

　스님들께서 법문하실 적에 "이 세상 모든 것은 다 인연법에 의해서……"라고 하실 적의 인연법은 넓게는 십이연기를 의미하지만 의미를 좀 좁힌다면 '인연' 즉 '관계' '계기' '연고'를 의미합니다. 또 "금생에 옷깃만 스쳐도 그것이 내생에 또 다시 만나게 되는 인연이 된다"고 말씀하시는 것 역시 다분히 '계기' '관련' '연고' 등을 의미하지요.

물론 불교적인 입장에서 본다면 "이것이 있으므로 해서 저것이 있게 된다"는 십이연기설(十二緣起說)에서 파생된 말이라고 볼 수 있겠으나, '인연(因緣)'이라고 하는 말은 불교 이전에 이미 한자문화권에서 사용되던 말입니다.

인연은 중매쟁이, 좋은 인연은 좋은 결과를 가져오고 나쁜 인연은 나쁜 결과를 가져옵니다. 사람은 늘 좋은 인연보다는 악연(惡緣)이 많지요. 악연이 많으면 만년에 이르러 고민과 근심 걱정이 많아집니다. 언제 보복의 칼날이 들이닥칠지 모르니까요. 그러므로 좋은 인연은 이 생이 다할 때까지 애써 잘 유지하고 악연은 가능한 한 만들지 말아야 합니다. 이것이 삶의 지혜입니다. |윤창화|

일주문에 대하여 알고 싶습니다

일주문(一柱門)은 사찰에 들어서면서 최초로 통과하는 문으로 가깝게는 사찰에서 100미터쯤 전방에 있지만 큰 절의 경우는 본 건물에서 보통 500미터나 1킬로미터쯤 전방의 좋은 위치에 세웁니다. 기둥이 양 쪽에 한 개씩만 있다고 하여 '일주문'이라고 하는데 마음을 하나로 통일한다는 뜻을 가지고 있습니다. 일심으로 깨달음을 구하는 마음이지요.

일주문은 대체로 웅장합니다. 위치와 경관도 가능한 좋은 곳에 세워 일주문의 크기와 양식만 봐도 사찰의 규모와 고승의 법력, 역사와 전통, 분위기 등을 충분히 느낄 수 있게 하기 위함입니다.

일주문에 들어서면 가능한 잡담이나 잡념을 없애고 걸음

걸이와 행동거지도 경건해야 합니다. 여기서부터가 사찰 경내에 속할뿐더러 이 문을 중심으로 하여 승(僧)과 속(俗), 지옥과 극락, 세속과 수행자의 세계가 갈라지기 때문입니다.

1930~1940년대 뿐만 아니라 지금도 한국불교의 정신적 상징이자 최초로 조계종 종정을 지내셨던 방한암스님께선 1926년, 50세 때 "내 차라리 천고에 자취를 감춘 학이 될지언정 말 잘하는 앵무새는 되지 않겠노라"는 유명한 말씀을 남기고 오대산 상원사로 들어가신 이후 75세로 열반하실 때까지 25년 동안 한번도 일주문 밖을 나가지 않으시고 수행만 하셨다는 전설적인 이야기가 있습니다. 들어보신 적이 있습니까.

25년간 두문불출, 그 누구든지 과연 이처럼 정진한다면 깨달음을 얻지 않을 수 없을 것입니다. 여생을 걸고 한 번 해보지 않으시렵니까. |윤창화|

적멸보궁은 어떠한 곳입니까

강원도 오대산 상원사에서 약 2킬로미터쯤 산길을 타고 올라가면 비로봉 아래에 우뚝 솟은 봉우리가 있습니다. 사방이 탁 트여 누가 봐도 천하 제일의 명당 같은 곳에 아담한 법당 한 채가 자리잡고 있지요. '적멸보궁'이라고 쓴 현판이 걸려 있는 문을 열고 들어가면 으레히 모셔져 있어야 할 부처님(불상)은 보이지 않고 탁자 위에 좌복만 단정히 놓여 있습니다.

이곳이 암행어사 박문수도 감탄하고 돌아갔다는 일화가 깃든 그 유명한 오대산 상원사 적멸보궁입니다.

부처님 진신사리를 모신 곳을 '적멸보궁(寂滅寶宮)'이라고 합니다. 적멸(寂滅)은 모든 번뇌가 남김없이 모두 다 없어져서 고요해진 상태, 즉 '깨달은 세계'를 가리키는 말이고, 보궁(寶宮)은 '보배같이 귀한 궁전'이라는 뜻으로, 최상의 깨달음을 얻은 부처님 사리(유골)가 안치되어 있는 귀중한 곳이라는 뜻입니다.

우리나라에는 전통적으로 다섯 곳에 적멸보궁(5대 적멸보궁)이 있습니다.

강원도 오대산 상원사 적멸보궁, 영월 법흥사 적멸보궁, 정선 정암사 적멸보궁, 설악산 봉정암의 적멸보궁, 경남 양산 통도사 적멸보궁이 그것입니다. 강원도에 네 곳이 있고, 경상도에 한 곳이 있는데 강원도에 그처럼 명산이 많은가 봅니다.

적멸보궁에는 원래 불상을 모시지 않습니다. 왜 불상을 모시지 않는지가 궁금할 것입니다. 적멸보궁에는 불상보다 더 중요한 부처님 진신사리가 모셔져 있기 때문입니다. 즉 진신사리에 비하면 불상은 사람이 조성한 것에 지나지 않기 때문이지요. 그래서 불자들은 부처님 진신사리가 모셔져 있는 적멸보궁에서 기도를 많이 합니다. **|윤창화|**

전생과 내생은 정말 있습니까

　사람은 죽으면 그것으로 그만인가. 아니면 그가 평소 지은 선악에 따라 지옥과 극락 또는 사람이나 짐승 등으로 다시 태어나는(내생) 것일까.

　결론부터 말하면 불교에서는 내생(來生)이 있다고 합니다. 내생이 있다면 당연히 전생(前生)이 있고 전생이 있다면 당연히 금생이 있어야 할 것입니다. 과거가 있으면 현재가 있고 현재가 있으면 당연히 미래가 있는 것과 같은 이치이지요. 여기서 과거는 전생(前生)에 해당되고 현재는 금생(今生)에 해당되고 미래는 내생(來生)에 해당될 것입니다.

　불교에서는 다른 종교와는 달리 삼세설(전생·내생·금생)을 많이 이야기합니다. 다시 말하면 우리의 몸은 전생의 업(業: 그가 행한 선악 등 모든 행동)에 따라 금생의 결과(현재의 몸)를 받고, 금생의 업에 따라 다음 생에 어디에 태어나는지를 결정짓게 됩니다. 좋은 일을 하면 좋은 결과가 오게 되고 나쁜 짓을 하면 나쁜 결과가 오게 되는 것은 당연한 논리가 아니겠습니까.

이렇게 전생에 자기가 저지른 행동(업)에 따라서 금생의 몸을 받고, 금생의 업에 따라서 내생에 천상·인간·아수라·지옥·아귀·축생(짐승) 등 여섯 가지 세계를 두루 돌아다니는 것을 '윤회(輪廻: 수레바퀴처럼 돌아간다)'라고 합니다.

윤회에 대한 설명에 앞서 이해를 돕기 위하여 극락과 천상(天上: 천당)의 차이점에 대하여 말하겠습니다.

극락과 천상은 다 살기 좋은 낙원이지만 차이가 큽니다. 극락은 한 번 가기만 하면 다시는 어떤 일이 있어도 육도(六道: 천상·인간·아수라·지옥·아귀·축생)로 내려오지 않습니다. 고통은 조금도 없고 오직 행복과 즐거움만 있는 곳입니다. 그곳에는 죽음이라는 것이 없습니다.

그러나 천상은 좋고 즐거운 곳이긴 하지만 그곳에는 죽음이라는 것이 있고 또 죄를 짓거나 복이 다하면 지옥이나 축생 등의 세계로 떨어집니다. 다시 말하면 윤회를 한다는 것이지요. 이렇게 죽음과 생(生)을 반복하면서 육도를 왕래하는 것을 윤회(輪廻) 또는 생사윤회(죽고 살기를 되풀이하는 것)라고 합니다.

윤회의 굴레에서 벗어나자면 어떻게 해야 할까. 착한 일과 염불을 많이 하여 극락세계에 태어나야 합니다. 그곳에 태어나면 일단 언젠가는 성불이 보증된 곳입니다. 또는 금생에 공부를 많이 하여 깨달음을 얻어야만 합니다. 즉 성불(成佛: 부처님처럼 됨)해야 하는 것이지요.

스님들께서 깨달음을 얻으려고 밤낮으로 공부하면서 노력하는 이유도 바로 이 생과 사를 되풀이하면서 갖가지 고통을 받는 윤회에서 벗어나고자 하는 데에 있습니다. 고통과 영영 이별하는 길은 먼 곳에 있지 않습니다. |윤창화|

절은 왜 산속에 있게 되었습니까

중국 한국의 절들은 주로 깊은 산 등 명승지에 자리잡고 있습니다. 절이 주로 산에 있게 된 까닭은 조용하여 수행을 하기 좋기 때문입니다. 각종 소음이 들리는 도심이나 마을에서 사회의 모든 향락을 멀리하고 자신을 갈고 닦는 공부를 하기란 쉬운 것이 아닙니다.

인도에서도 절은 대체로 마을에서 1킬로미터쯤 떨어진 숲속에 있었습니다. 그 이유는 걸식을 하여 생활하자면 마을과 너무 멀리 떨어져 있어서도 안 되고 또 수행을 하자면 산 속이 아니면 안 되기 때문이었습니다.

중국과 한국에 와서도 절은 인적이 드문 높은 산악이나 깊은 산 속 등 명승지에 자리잡게 되었는데 이 역시 자신의 존재를 파악하는 것이 주 목적인 불교수행에 있어서는 현실적으로 세속과 멀리 떨어진 조용한 곳이라야 가능하기 때문입니다.

더구나 산을 신령하게 생각하고 있던 고대 한국인들은 고구려 소수림왕 2년, 즉 372년에 불교가 들어오자 이 땅의 명산에 절을 짓고 탑을 세우기 시작했습니다. 즉 고유의 산악신앙과 불교가 만나면서 한국불교는 저 먼 옛날부터 산과 불가분의 인연을 맺게 되었던 것입니다.

우리나라 절들이 이처럼 깊은 산 속이나 오지에 창건된 까닭은 각 시대의 역사적 지리적 또는 당시의 정치적 요인들과도 관련이 있습니다. 신라 고려시대에는 산악은 물론 경주나 개성 등 도성을 중심으로 하여 도심에도 많은 사찰이 건립되었으나 조선시대에는 억불정책으로 인하여 산에만 건립되었고 그것도 새롭게 세우는 것은 쉽지 않았습니다.

우리나라의 절은 그 위치에 따라 평지에 창건된 절(평지가람)과 산악에 창건된 절(산지가람)로 나뉩니다. 지금은 터만 남아 있는 경주 황룡사지와 부여 정림사지, 익산 미륵사지가 대표적인 평지가람입니다. 산지가람은 부석사·해인사·문경 봉암사·오대산 월정사 등으로 큰 절들은 주로 산악에 위치한 경우가 많습니다.

옛 스님들은 참선수도의 필요성 때문에 깊은 산 속에 절을 세우기도 했지만 산천의 형세가 사람의 성품을 좌우하고 국운의 성쇠에 영향을 주기 때문에 땅의 기운이 부족한 곳과 땅의 기운이 넘치는 곳에 탑과 불상을 모시고 절을 세워 지덕(地德)을 돕는다는 비보사탑사상에 의해서도 많은 절들이 산 속에 세워지기도 했습니다. |일지|

제등행사는 언제부터 있었습니까

부처님 오신 날을 경축하기 위하여 각자 정성껏 등을 공양하고 소원을 비는 행사는 부처님 당시부터 있었습니다. 우리나라 역시 신라, 고려시대부터 정월 보름과 부처님 오신 날 등, 사찰의 각종 행사에 등을 밝히고(燃燈) 막대기에 매달아 들고 거리를 행진하는 제등행렬(提燈行列)이 있었습니다.

부처님 오신 날 저녁, 어둠이 깔리기 시작하면 스님을 비롯한 대중들은 남녀노소 할 것 없이 법당 안팎에 걸어 놓은 등을 들고 줄지어 염불을 하면서 도량을 돈 뒤 거리로 나와 경건하게 제등행렬을 합니다.

그 광경은 참으로 아름답습니다. 원래 밤은 낮보다 아름다운 것이 아닙니까. 게다가 각양각색의 은은한 등을 들고 줄

지어 걸어가는 제등행렬은 한 폭의 움직이는 유화입니다.

육당 최남선 선생의 《조선상식문답》(1930년대)이라는 책에는 그 모습을 이렇게 적고 있습니다.

"4월 8일은 부처님 나신 날이라 하여 처음에는 절간에서 경축하던 것이지만 고려 이래로 일반 민속이 이 날을 큰 명절로 정하여 여러 가지 놀이를 베풀었고, 조선에 들어와서는 낮에는 탈춤을 추고 밤에는 관등(觀燈)이라 하여 서울 한복판에 큰 등대를 세우고 각색의 등을 달아 시민의 가슴을 시원하게 했습니다. 또 각 가정에서는 집안 아이 수효대로 등을 켜서 깜깜한 밤이 이 날만은 환한 옷을 입었습니다."라고.

고려시대는 물론 조선시대에도 부처님 오신 날에는 각 가정마다 식구 수대로 등을 만들어 불탄일 저녁이 되면 어른 아이 할 것 없이 등을 들고 거리로 나왔습니다. 부처님 오신 날을 경축하는 제등행사가 마치 민속행사처럼 성대하게 이루어졌음을 알 수 있습니다.

1960년대 이후, 서울의 제등행사는 주로 동대문운동장에 모여 불탄일 의식을 거행하고, 종로를 통과하여 조계사까지 오는 코스였는데, 1975년부터는 부처님 오신 날이 공휴일로 제정된 것을 기념하여 여의도 광장에서 하기도 했습니다.

근래에 더욱 보기 좋은 것은 부처님 오신 날 10여 일 전부터 각 사찰마다 거리 양쪽에 수 킬로미터씩 등을 달아서 더욱더 아름다운 밤거리를 만들고 있습니다.　**|윤창화|**

종과 북은 왜 칩니까

새벽 산사에서 들려오는 범종 소리는 한없이 깊은 여운을 남기고 있습니다. 금속성으로 울리는 맑은 운판 소리는 우리의 정신을 맑게 해 주고 목어를 칠 때 울리는 "딱, 딱" 소리는 나무와 나무가 부딪치면서 나는 유연함과 경쾌함이 느껴집니다. 저녁 무렵 산사의 뜨락에서 듣는 법고(북) 소리는 일상에 지친 사람들의 마음을 달래줍니다.

범종이라는 말에서 '범(梵)'이란 범어 브라만(brahman)을 옮긴 말로서 '청정'을 의미합니다. 즉 '청정하고 아름다운 소리를 내는 종'이라는 뜻으로 범종 소리는 청정한 불가의 소리입니다.

절에서 사용하는 법구 가운데 가장 큰 울림을 갖고 있는 범종은 동(銅)과 주석을 녹인 합금으로 만듭니다. 아름답고 그윽한 음향을 내기 위해서는 금속원료의 배합은 물론 설계에 높은 기술과 불심이 필요하며, 범종의 표면에 비천상(飛天像)과 연꽃문양을 새기기 위해서는 높은 수준의 예술적 기량이 필요합니다. 그래서 범종은 불교 금속공예의 꽃이라고도 합니다.

범종의 용도는 조석으로 예불 때 치는 예불종, 절 안의 모든 스님이 한 자리에 모이는 법회 때 치는 운집(雲集)종, 스님이 입적했을 때 치는 열반종이 있습니다.

새벽예불 때는 28번을 치며 저녁예불 때는 33번을 칩니다. 28번을 치는 까닭은 욕계(欲界)의 6천과 색계(色界)의 18천, 무색계(無色界)의 4천까지 모두 범종 소리가 울려서 중생들의 번뇌를 쉬게 해 준다는 의미입니다. 그리고 저녁에 33번을 치는 종 소리는 도솔천 내의 서른세 구역까지 울리라는 종 소리입니다.

법고(法鼓, 북)는 소가죽을 씌운 큰 북으로 지름이 무려 2미터가량 되는 큰 북도 있습니다. 북은 예부터 군대의 신호를 알리거나 악기로도 널리 사용되었으며 절에서는 주로 시간을 알리거나 가죽을 가진 중생을 제도한다는 의미에서 북을 울립니다.

지금 우리나라의 절에서는 법고를 칠 때 나무로 만든 두 개의 북채로 북을 두들겨 특유의 박자를 맞추고 있습니다. 또한 법고 소리는 불법의 진리를 알리는 소리를 상징합니다.

|일지|

종정스님은 무엇을 하시는 분입니까

종정(宗正)스님은 우리나라 불교(각 종파)를 대표하는 최고의 어른입니다. 종정은 덕망과 법력이 높은 큰스님 중에서 선출하는데 종회(국회와 같음)나 원로회의(조계종은 원로회의에서 선출함)에서 추대합니다. 임기는 4년이고 중임의 제한은 없습니다.

종정은 상징적인 자리로서 실질적인 권한은 없지만 커다란 문제가 발생했을 때 종정스님의 한 마디는 그 어느 결정보다도 막중합니다. 무엇보다 종정스님의 중요한 역할은 수많은 중생들의 가슴에 위안과 희망을 주는 일입니다.

종정스님 가운데 우리의 기억에 가장 오래도록 잊혀지지 않는 분은 아마 성철 큰스님일 것입니다. 성철 큰스님은 장좌불와(눕지 않고 수행함)와 뛰어난 법력, 그리고 훌륭한 지도력으로 한국불교를 이끌었고 열반하셨을 때에는 전국의 불자는 물론 일반인들도 애석하게 생각하지 않는 사람이 없을 정도였습니다.

그러면 최초로 종정이라는 명칭을 사용한 때는 언제였고 어느 스님이었을까. 독자들의 이해를 돕기 위하여 결론부터 말씀드리면 최초의 종정스님에 대한 논란은 많고 참으로 애매모호합니다. 그 이유는 한일합방, 8·15해방, 6·25를 겪는 근현대사의 질곡과 불교 내부의 분쟁(비구와 대처승간의 싸움. 조계종에서는 이것을 정화운동이라고 함)으로 인하여 그때마다 새로운 종단이 탄생하면서 저마다 최초를 주장했기 때문입니다.

기록상 최초로 종정이라는 제도와 명칭을 쓴 것은 1908년, 원종(圓宗)이 창종되어 이회광스님을 초대 종정으로 추대하면서부터입니다. 원종은 1911년 6월, 일제의 사찰령 발포와 함께 막을 내렸습니다.

그 뒤 1941년 조선불교 조계종(현 조계종 전신)이 새로 창종되면서 방한암스님이 초대 종정에 추대되었는데, 이것이 종정이라는 명칭을 사용한 두번째입니다. 그러다가 1962년

4월, 그간 정화운동으로 분열되었던 불교계가 다시 손을 잡아(비구와 대처의 화해) 통합종단인 조계종이 재탄생하면서 초대 종정으로 효봉스님을 추대하였습니다.

조계종을 기준으로 한다면 아무래도 방한암스님이 최초의 종정이라고 할 수 있습니다. 그러나 현재 조계종은 통합종단을 기준으로 하여 효봉스님을 초대종정으로 기록하고 있습니다.

종정이라는 명칭 대신 교정(1945년 9월, 교정 박한영스님)이라는 명칭을 사용한 적도 있습니다. **|윤창화|**

주지스님은 무엇을 하시는 분입니까

주지스님은 한 사찰의 행정적인 최고 책임자이자 결정권자입니다. 주지스님은 설법, 법회 주관, 신도 교화, 대중 감독, 사찰 관리 대외 업무 등 안팎의 모든 일을 다 관장합니다.

원래 주지스님은 행정적인 업무 외에도 조실과 방장스님의 역할인 상당설법(上堂說法: 결제나 해제 때 또는 정기적인 법어), 선승(禪僧) 훈도, 대중설법(사찰의 대중 및 신도들에게 설법), 수계(계를 주는 것) 등까지 모든 것을 다 관장했습니다. 그러던 것이 한말(韓末)과 근대(일제시대)에 이르러 주지스님의 업무가 점점 많아지고, 또 외부에 머무는 때가 많아짐에 따라 본연의 책무인 대중교화에 몰두할 여유가 없게 되자 별도로 총림에는 방장, 기타 큰 절에는 조실을 두어 선승과 대중지도의 업무를 담당하게 하였던 것입니다.

　'주지(住持)'라고 하는 말은 '오래 머물면서 불법을 잘 보호하고 지킨다(久住護持佛法)'는 뜻으로 '주직(住職)' '사주(寺主: 절 주인)'라고도 합니다. **|윤창화|**

죽음과 열반은 어떻게 다릅니까

불교에서는 스님의 죽음을 높임말로 '열반(涅槃)' 또는 '입적(入寂)'이라고 합니다.

열반이라는 말은 산스크리트 '니르바나'로서 그 뜻은 '번뇌의 불을 끄다'입니다. 즉 일체의 고통과 번뇌를 끊은 경지를 말하며, 입적이라는 말은 '고요한 데로 들어갔다'는 뜻으로 모두 다 진리를 터득한 해탈의 경지를 말합니다.

스님들의 죽음을 이렇게 표현하는 까닭은 일반인과는 달리 스님들은 수행을 하다가 때가 되어서 육체적인 죽음을 맞이한 것으로 그 자체를 죽음으로 보는 것이 아니라, 거처하던 집을 바꾸는 것, 스스로 이 세상의 모든 속박에서 해탈한 것으로 보기 때문입니다.

특히 열반이라는 말은 최고의 깨달음을 얻은 경지의 대명사로써 석가모니 부처님께서 이 세상을 하직하시자 '열반'하셨다고 표현했는데, 훗날 스님의 죽음에 대해서도 똑같이 쓰게 된 것입니다.

한문으로 된 불교용어는 이처럼 여러 가지 뜻을 갖고 있으면서 상황에 따라서 달리 쓰이는 예가 많습니다. 일반적으로 사람이 죽은 것을 일컬어 '영면(永眠: 영원히 잠을 잔다)했다' '돌아가셨다'고 표현하는 것도 모두가 다 죽은 이에 대한 존칭입니다.

불교에서 스님의 죽음에 한해서 열반이라고 표현하는 것도 같은 차원에서 이해하면 될 것입니다. 그러나 스님이 아닌 일반 불교신자나 기타 사람들에겐 이런 존칭을 쓰지 않습니다.

우리는 죽음을 여러 가지로 표현합니다. 아주 훌륭한 분이 죽으면 '영면' '서거' '열반' 등으로 표현하고, 평소 존경하던 분이 죽으면 '돌아가셨다'고 하고, 그저 그런 인생을 살다가 죽은 사람에겐 '죽었다'고 합니다. 여러분은 어떤 말을 듣고 싶으십니까. **|윤창화|**

중생이란 말 속에 짐승도 포함됩니까

중생(衆生)이라는 말은 '생명을 가진 모든 것'을 지칭합니다. 좀더 구체적으로 말하면 나무나 돌 등 무정물을 제외한, 생명체를 갖고 있는 것, 꿈틀거리는 것은 모두 중생의 범위에 속합니다. 하지만 우리는 일반적으로 그 의미를 좀 좁혀서 사람(인간)을 지칭하는 대명사로 쓰고 있습니다.

중생은 대체로 탐욕스러움, 노여움, 어리석음의 세 가지로 구성되어 있습니다. 허구한 날 이 세 가지를 마치 인생의 목표인 양 착각하고 살아갑니다. 그래서 부처님이나 보살님들은 '어떻게 하면 저 중생들을 이러한 삶에서 깨어나게 할까' 하고 애쓰시는 분들입니다.

불보살님의 입장에서 보면 중생은 모두 연민의 대상, 사랑의 대상, 구제의 대상입니다. '문제아들'이라고 보면 될 것입니다. 아무리 좋은 길로 인도해도 자꾸만 엉뚱한 길로 들어가는 골칫덩이가 우리 중생입니다. 그러므로 아는 체, 잘난 체, 있는 체, 똑똑한 체는 이제 그만 하고 자신을 돌아보는 지혜가 필요합니다.

중생이라고 하는 테두리 안에서 벗어나는 길은 오직 한가지, 깨달음을 얻어 고통의 세계에서 해탈해야 합니다. 해탈하면 완전히 중생의 세계에서 벗어나게 됩니다. 그곳이 바로 해탈의 세계, 극락의 세계, 불보살님의 세계입니다.

중생이라는 말은 불교 이전에 이미 중국에서 사용되던 말입니다. 오경(五經)의 하나인《예기(禮記)》〈제의(祭義)〉엔 "살아 있는 것들은 언젠가는 죽는다. 죽으면 땅으로 돌아간다(衆生必死 死必歸土)"라는 말이 있고, 또《장자》〈덕충부〉등에도 있습니다. 시각에 따라서 의미는 약간 다를 수 있으나 큰 차이는 없습니다.

아마 불교에서 이 말을 본격적으로 쓰면서 아예 불교용어로 정착된 듯 합니다. **｜윤창화｜**

지장보살은 어떤 분입니까

지장보살님은 여느 보살과는 달리 특이하신 분입니다.

지장보살님은 "나는 지옥에 있는 중생들을 다 건지기 전에는 절대 성불하지 않겠다"고 원을 세우신 분입니다. 물론 보살은 어떤 보살이든 모두 다 중생제도에 힘쓰고 있지만, '지옥 중생을 다 건지기 전에는 절대 성불하지 않겠다'고까지 선언하신 분은 지장보살님밖에 없습니다. 정말 훌륭하신 보살님이시지요. 남들은 다 자신을 위하여 언젠가는 성불해야겠다고 하는데 말입니다.

지옥은 매우 무서운 곳입니다. 죄인을 종일토록 잠시도 가만히 두지 않습니다. 끓는 물에 담갔다가 꺼내기를 하루에도 수십 번, 온통 날카로운 칼로 만들어진 산을 걸어다니게 하고, 톱으로 썰기도 하고······.

갈 곳이 못 되지요. 그러니 지장보살님이 얼마나 마음이 아프겠습니까. 그래서 지옥중생을 다 건지기 전에는 절대 성불하지 않겠다고 서원을 세우신 것입니다. 그런데 문제는 지옥으로 떨어지는 중생이 끝이 없으니 지장보살님은 성불하실 틈이 없습니다. 더구나 요즘 같은 세상에는 지옥갈 사람이 좀 많아야지요.

지장보살님이 지옥에 있는 중생들을 불쌍히 여겨 그들을 모두 구제하고자 애쓰는 장면을 그리고 있는 경전이 바로 《지장경》입니다. 《지장경》에는 지장보살님이 지옥중생을 구제하기 위하여 매일같이 눈물을 흘리면서 애쓰신다고 합니다.

이렇게 지장보살님은 중생을 위하여 커다란 원을 세웠기 때문에 매달 음력 18일을 지장재일로 정하여 선망부모의 왕생극락을 기원하는 것입니다.

또 지장보살님을 별도로 모신 곳을 지장전(地藏殿), 명부전(冥府殿)이라고 합니다.

지장보살님이 죽은 자의 왕생극락을 위해 애쓴다면 관세음보살님은 살아 있는 자의 행복을 위해 애쓰시는 분들입니다. 두 보살님은 일평생 중생을 위하여 살아가시겠다고 원력을 세웠기 때문에 수많은 중생들이 집중적으로 두 보살님께 매달려 소망과 애환을 하소연합니다.

그러므로 정성을 다해 기도한다면 소원은 반드시 이루어질 것으로 믿습니다. **|윤창화|**

찬불가에 대하여 알고 싶습니다

찬불가는 훌륭하신 부처님의 덕을 찬탄한다는 뜻으로 불교음악을 총 지칭하는 말입니다.

고전 음악을 클래식, 프랑스 음악을 상송, 기독교 음악을 찬송가라고 하는 것과 같습니다.

찬불가가 처음 만들어지기 시작한 것은 1920년대 중반입니다. 1926년 10월에 간행된 《불교》(28호)라는 잡지에 최초로 조학유 편곡의 〈찬불가〉가 악보와 함께 실리기 시작했습니다.

오늘날 찬불가는 대표적인 〈삼귀의〉〈사홍서원〉〈청법가〉 등을 비롯하여 약 300여 편이 있습니다. **|윤창화|**

참선, 좌선에 대하여 알고 싶습니다

선은 언어를 초탈하고 온몸과 마음으로 불교의 진실과 만나는 실천적인 가르침입니다. 선불교가 가장 중시하는 것은 깨달음입니다. 그리고 그 깨달음은 철저한 참선수행을 통해서 구현됩니다.

오늘도 수많은 선방스님들이 불철주야 정진하고 있는 그 절대적인 목표 역시 깨달음이며 그 깨달음을 얻기 위한 전통적인 수행방법이 바로 좌선입니다.

참선(參禪)은 선, 즉 명상을 한다는 뜻이고, 좌선(坐禪)은 앉아서 명상을 한다는 뜻으로 거의 같은 말입니다.

우리는 보통 '참선(參禪)'이라고 넓게 말하지만 그 구체적인 실천형태는 화두를 참구하는 좌선인 것입니다. 그래서 부처님의 6년 고행과 보리달마의 9년 면벽은 불교수행의 상징으로 표현되는 것입니다.

그렇다면 좌선이란 무엇입니까? 좌선이란 선불교의 전통적인 좌법(坐法)에 의해서 몸과 마음을 가다듬고 화두(話頭)를 참구하는 수행법입니다.

우리가 아무리 학식이 밝다고 하더라도 좌선으로 닦여진 투철한 수행력이 없다면 입으로만 참선을 하는 것일 뿐 진정한 수행력이 생겨나지 않습니다.

선원의 규칙을 서술한 《선원청규》 8권에 수록된 〈좌선의(坐禪儀)〉에서는 '좌선이란 안락의 법문'이라고 말하고 있습니다. 좌선은 몸과 마음의 안정을 얻는 방법이라는 뜻인데 몸과 마음을 바르게 가지는 것은 결국 바른 몸가짐과 마음가짐, 음식과 수면에 대한 절제력을 갖춘 생활에서 비롯됩니다.

좌선이나 참선 등 화두 공부를 하자면 무엇보다도 먼저 선지식(스승)을 찾아뵙고 선수행의 기초부터 배운 뒤에 시작해야 합니다. 기초도 없는 상태에서 무작정 시작하면 대부분 잘못된 길로 들어 섭니다. 그 가운데 하나가 바로 신통술 등 신체적 신비주의에 빠져서 그런 것을 추구하는 경우입니다.

선과 신통술과는 아무런 관련이 없습니다.

또한 참선을 잘못하면 자존심과 아만 그리고 매우 건방진 생각을 갖게 됩니다. 대단히 주의해야 할 점입니다.

좌선은 불도를 깨닫고 실천하기 위해서 닦아야 하는 불교의 가장 기본적인 수행덕목입니다. 결코 신통술을 얻기 위한 것이 아니며 단순한 건강법도 아닙니다. **|윤창화|**

참회는 어떻게 해야 합니까

우리는 세상을 살면서 알게 모르게 많은 실수를 하고 타인을 괴롭히는 일을 합니다. 더욱 크게는 남에게 돌이킬 수 없는 고통을 주는 죄업을 짓기도 합니다.

참회(懺悔)란 바로 스스로 지은 죄를 고백하고 뉘우쳐 용서를 비는 것입니다. 아무리 사소한 잘못이나 죄업이라 할지라도 양심에 따라 뉘우치지 않고 그대로 쌓아간다면 교만한 마음으로 더욱 큰 죄를 짓게 되고 보다 진정한 인간으로서 살아갈 수 없게 될 것입니다. 때문에 불교는 참회의 중요성을 강조합니다.

참회는 '용서를 빈다' '뉘우친다' 는 뜻으로 "제가 저지른 허물을 용서해 주십시오" 라는 의미를 담고 있습니다. 참회는 자신의 죄업에 대한 용서를 빌고 다시는 죄업을 짓지 않겠다는 의미를 갖고 있는 것입니다.

참회는 그 방법과 성질에 따라 여러 가지 종류가 있지만 가장 기본적인 참회는 '이참(理懺)'과 '사참(事懺)'이라는 두 가지의 참회입니다.

이참이란 마음으로 죄업을 참회하는 것이며, 사참이란 몸으로 죄업을 참회하는 것입니다. 즉 부처님께 108배나 삼천배의 절을 통해, 또는 고행을 통해 참회하는 것입니다. 우리가 일반적으로 말하는 참회는 바로 현실적으로 보여 주는 사참입니다.

한국불교는 전통적으로 참회를 실천하는 불교입니다. 때문에 지금도 끊임없이 아미타불을 부르며 참회하는 미타참법(彌陀懺法), 관세음보살님을 부르는 관음참법(觀音懺法)과 108배를 통하여 날마다 108참회를 행하는 불자들이 많습니다. ❘일지❘

처사·거사·청신사·청신녀·건명·곤명은 어떻게 다릅니까

　스님이 아닌 일반인으로서 절에서 일을 보거나 생활하는 남자, 또는 불교를 믿는 나이든 남자 신도를 '처사(處士)' '거사(居士)'라고 하고, 여성을 '보살'이라고 합니다.

　처사나 거사는 모두 불교 이전부터 '선비의 위치에 있는 분' '학문과 덕망을 갖춘 분'을 가리키는 상당한 존칭이었습니다. 그러던 것이 불교에서 남자 신도에 대한 존칭으로 본격적으로 사용하면서 마치 불교용어처럼 정착되었는데 지금은 세월이 흘러 존칭에도 인플레이가 심화되어 처사는 비칭으로 강등되었고 거사만 겨우 존칭으로 사용되고 있습니다.

　청신사(淸信士)와 청신녀(淸信女)는 부처님 가르침을 깨끗이 믿는 남자, 여자라는 뜻으로 남성 신도와 여성 신도를 가리키는데 처사나 보살처럼 평소 부르는 호칭은 아니고 문서나 경전 간행시 시주한 사람의 이름을 쓸 때, 또는 축원할 때 '청신사 ○○○, 청신녀 ○○○'라고 씁니다.

건명(乾命)과 곤명(坤命)도 남자와 여자를 가리키지만 역시 평상시의 호칭은 아니고 위의 청신사처럼 문서나 경전 간행시, 또는 축원문(축원카드)을 쓸 때 남자를 건명, 여자를 곤명으로 쓰는데 누구에게나 다 그렇게 쓰는 것은 아니고 한 세대의 가장(家長), 또는 어른이어야 합니다.

건(乾: 하늘)은 하늘이라는 뜻으로 남자를 가리키고 곤(坤: 땅)은 여성을 가리킵니다.

청신사, 청신녀, 건명, 곤명은 그 뜻은 좀 달라도 쓰이고 있는 것은 거의 같습니다.

이 외에도 남자 신도를 '우바새(優婆塞)' 여성 신도를 '우바이(優婆夷)'라고 하고 또 '신남(信男)' '신녀(信女)'라고도 합니다. |윤창화|

천왕문 · 불이문 · 요사채는 어떤 곳입니까

역사가 깊은 큰 절에 가면 절 입구에 한 개의 기둥으로 된 일주문(一柱門)이 있습니다. 그곳을 지나서 두번째로 통과하는 곳이 천왕문(天王門)입니다. 불법을 수호하는 외호신인 사천왕(四天王)을 모신 건물로 일명 봉황문이라고도 합니다.

사천왕은 원래 인도의 옛 신으로 여러 신들의 왕(우두머리)이었는데 부처님께 귀의하여 불법과 사찰을 지키는 수호신이 되었습니다.

여러분들도 사찰에 들어가면서 보셨겠지만 천왕문 양쪽에 세워진 사천왕의 모습은 아주 무섭습니다. 부리부리한 눈에 잔뜩 치켜올린 검은 눈썹, 시뻘건 입술로 크게 벌린 입, 게다가 딱 벌어진 몸에 갑옷을 걸치고 손에는 칼과 창을 들고 발로는 마귀를 밟고 있습니다. 금방이라도 달려들어 요절을 낼 듯한 모습은 보는 이로 하여금 겁을 먹게 하기에 충분하지요. 불교를 헐뜯는 자가 있다면 누구든 가만히 놔두지 않겠다는 의지를 십분 발휘하고 있습니다.

천왕문을 사천왕문(四天王門)이라고도 하는데 '불법을 지키는 네 곳, 하늘의 왕이 있는 곳'이라는 뜻입니다.

동쪽을 지키는 지국천왕(持國天王)과 서쪽을 지키는 광목천왕(廣目天王), 남쪽을 지키는 증장천왕(增長天王)과 북쪽을 지키는 다문천왕(多聞天王)이 양쪽에 서서 지킵니다. 동서남북으로 지키므로 불법을 훼방하고자 하는 기타 귀신은 물론, 악의를 품고 있는 사람까지 물샐틈없이 관찰하고 주시합니다.

이 문을 통과하면 세번째로 불이문(不二門)이 나옵니다. 절마다 조금씩 다르지만 이 문을 '해탈문(解脫門)'이라 하는 곳도 있습니다. '진리는 하나다(不二)' '그것을 터득하면 해탈한다(解脫)'라는 뜻입니다. 슬픔과 기쁨, 영광과 욕됨도 하나고 극락과 지옥, 죽음과 삶, 속세와 산사, 유(有)와 무(無), 모든 것이 하나입니다. '모든 것은 하나'라는 만법귀일(萬法歸一)의 진리를 터득한다면 그것이 바로 깨달음을 이루는 것이고 부처님처럼 되는 것이고 해탈하는 것입니다.

마지막 관문인 이 문만 통과하면 부처님과 여러 보살님을 모신 법당, 즉 대웅전이 눈앞에 들어옵니다. 어떻습니까. 사찰의 건물 하나하나에도 이처럼 심오한 뜻이 담겨 있는데 그동안 무심코 지나간 것이 안타깝지요. 이 책을 읽으면서 다시 한 번 지나가 보세요. 그러면 문은 옛 문이지만 느낌은 옛느낌이 아닐 것입니다. 문득 눈앞이 훤히 열리는 새로운 세계를 만나게 될 것입니다.

요사채는 법당 등을 제외한 생활하는 곳, 스님을 비롯한 모든 대중들이 기거하는 건물을 요사채라고 합니다. **｜윤창화｜**

총림 · 선원 · 율원 · 강원은 어떤 곳입니까

총림(叢林)은 '많은 대중들이 모여 사는 것이 마치 수풀과 같다'는 뜻인데 제도상으로는 선원(禪院) · 율원(律院) · 강원(講院), 이 세 곳이 모두 갖추어져 있는 큰 절을 '총림'이라고 합니다.

현재 우리나라에는 가장 오래 된 해인총림(가야산 해인사)을 비롯하여 조계총림(조계산 송광사), 덕숭총림(덕숭산 수덕사), 영축총림(영축산 통도사), 고불총림(백양사) 등 이렇게 다섯 곳이 총림으로 지정되어 있습니다.

선원은 선(禪) 즉 참선을 전문으로 공부하는 곳이고, 율원은 스님으로서 지켜야 할 계율을 전문으로 공부하는 곳이고, 강원은 부처님께서 설하신 경전을 전문으로 공부하는 곳입니다.

그렇다고 참선하는 스님은 참선만 할 뿐 계율이나 경전은 도외시한다는 뜻은 아닙니다. 스님이라면 누구나 다 참선도 해야 하고 계율도 잘 지켜야 하고 경전도 읽어야 합니다만, 공부하는 과정에서는 이렇게 자기의 근기(정도)에 맞게 전공분야를 택하는 것입니다.

선원의 경우는 꼭 정해진 기간이 없지만 율원은 2년, 강원은 4년 과정으로서 이 기간에 정해진 과목을 마쳐야만 전공분야에서 인정을 받습니다.

총림은 원래 여느 사찰보다 규모도 크고 수행하는 스님도 많습니다. 해인총림 같은 경우는 선원·율원·강원을 합쳐서 약 250여 분의 스님들이 모여 수행 정진하고 있습니다. 방장스님의 법어를 듣는다거나 아침저녁으로 예불을 할 때, 또는 공양을 할 때면 줄지어 질서 있게 움직이는 모습은 참으로 엄숙하고 정중합니다. 신심이 저절로 우러나지요.

| 윤창화 |

총무원장·종회의장스님은
무엇을 하시는 분입니까

사찰의 행정조직은 중앙의 총무원과 각 도에 두세 곳의 본사(本寺)와 말사(末寺)로 조직되어 있습니다.

말사의 주지 임명(임기 4년)과 통제는 본사(본산)가 하고, 본사의 주지 임명(임기 4년, 중임 제한 없음)과 통제는 총무원에서 하는데 이곳의 최고 책임자를 총무원장이라고 부릅니다.

총무원장 위에 종정스님이 있지만 상징적인 자리로서 실권을 행사하지 않기 때문에 총무원장이 실질적인 최고 책임자인 셈입니다.

총무원장은 행정부의 국무총리나 수상과 같은 직책으로 예전엔 종회에서 선출했지만, 지금은 선거인단이 형성되어 선출하며 임기는 4년으로서 1차 중임까지만 가능합니다. 총무원장의 자격은 입산하여 계를 받은 지(승랍) 30년 이상, 만 50세 이상으로 청정한 계행과 덕망이 있는 스님으로 불자들의 존경을 받는 분이어야 합니다.

종회의장은 중앙종회를 대표하는 스님으로서 입법부의 국회의장과 같은 역할이라고 보면 됩니다. 임기는 2년이고 중임의 제한은 없고 종회의원이면 누구나 자격이 있습니다.

종회는 중앙의 최고 입법 및 의결기관으로 입법부의 국회와 같고 각 교구(현재 조계종의 경우 25개 교구임)마다 2~5명 정도가 배정되어 있습니다. 종회의원의 자격은 승랍 15년 이상, 만 35세 이상이어야 합니다.

그리고 본사 주지는 산중회의에서 선출하는데 승랍 25년 이상, 만 45세 이상이어야 합니다. **｜윤창화｜**

축원을 하는 까닭은 무엇입니까

축원(祝願)이란 부처님이나 보살님께 자신의 소원을 아뢰고 그 소원이 이루어지도록 비는 것을 말합니다.

불자라면 누구나 다 한 번쯤은 절에 가서 기도나 불공을 드려본 적이 있을 것입니다. 불공이나 기도를 드릴 적에 집전하시는 스님께서 중간에 잠시 염불을 멈추시고 정성이 가득한 음성으로 "앙고 시방삼세 제망중중 무진삼보자존 불사자비 허수랑감(우러러 고합니다. 온 세상에 계시는 많은 삼보님이시여, 밝으신 지혜를 비추어 주소서)"으로 시작하는 부분이 있습니다.

이때가 바로 축원을 시작하는 순간입니다. 곧 이어서 기도나 불공을 올리는 신도의 집 주소와 이름을 밝힌 뒤 원하는 바를 부처님이나 보살님께 고합니다. 이것을 '축원한다'고 합니다.

물론 무엇을 바라는지 미리 스님께 알려 드려야만 되지 않을까 하는 걱정도 들겠지만 꼭 그렇지 않아도 스님께서는 우리 불자들이 바라는 바, 즉 '가족의 건강과 사업, 자식의 무궁한 발전'이라는 소박한 마음을 미리 아시고 그것까지 축원해 드립니다.

이렇게 하는 글을 '축원문(祝願文)'이라고 하고 신도님 주소와 가족들의 이름이 적혀 있는 두꺼운 종이를 '축원카드'라고 합니다.

또 축원카드 맨 위에 있는 '건명(乾命)'이라는 글씨는 가장인 아버지를, '곤명(坤命)'은 어머니를 가리킵니다. 따라서 축원을 쓰시는 스님께서 "건명" 하시면 얼른 가장의 이름을, "곤명" 하시면 얼른 어머니 이름을 밝히면 됩니다.

소원이나 염원이란 꼭 육성으로 외쳐야만 부처님께서 듣고 외치지 않으면 듣지 못하는 것이 아닙니다. 부처님께서는 그가 말하지 않아도 그 사람의 마음을 다 아시고 있기 때문에 진정으로 몸과 마음을 깨끗이 하여 정성을 다하면 바라는 바 소원은 이루어질 수 있으리라 믿습니다. **┃윤창화┃**

출가일 · 성도절 · 열반절은 어떤 날입니까

부처님 오신 날(4월 8일)과 출가일(2월 8일), 성도절(12월 8일), 열반절(2월 15일)을 불교의 4대 명절이라고 합니다. 불탄일은 별도로 설명했으므로 여기서는 제외하고 나머지만 설명하도록 하겠습니다.

먼저 출가일은 음력 2월 8일로써 부처님께서 깨달음을 얻고자 집을 나와서 입산하신 날입니다. 역사적인 날이지요. 이날 밤 부처님께서는 왕궁인 가빌라성을 넘어 눈덮인 히말라야 산을 향하여 말을 달렸습니다. 여기에서 연유하여 지금도 스님이 되고자 집을 나와 절로 들어가는 것을 '출가' 또는 '입산한다' 고 합니다.

성도일은 음력 12월 8일로써 부처님께서 보리수 나무 아래에 단정히 앉아 깨달음을 이루신 날입니다. 이날 부처님께서는 새벽 3시경 반짝거리는 별빛을 보시고 순간 깨달음을 얻었습니다. 진리의 존재를 파악하신 날이지요. 이날을 한자 문화권에서는 '납월팔일(臘月八日)'이라고도 합니다.

열반일은 음력 2월 15일로써 부처님께서 열반에 드신 날입니다. 이날 부처님께서는 고향(카빌라바스투)으로 가는 길목에 있는 작은 마을 쿠시나가라에서 두 그루의 사라나무 사이에서 오른쪽으로 누운 채 설법과 중생교화로 일관했던 생애를 마감하셨지요. 이날의 애틋한 장면을 《대반열반경》에서는 이렇게 적고 있습니다.

"쿠시나가라의 외곽에서 세존께서는 길 옆에 있는 어떤 나무 아래에 앉으셨다. 그리고는 아난다(아난)존자에게 말씀하셨다. '자 아난다여, 상의를 네 겹으로 깔아라. 피곤하니 좀 쉬고 싶다.' 자리에 앉으신 세존께서는 곧 아난다에게 말씀하시었다. '아난다여, 물을 다오, 목이 몹시 마르구나……'

부처님께서 열반에 드실 것을 눈치챈 아난다는 고개를 돌리고 목놓아 울었다. 이것을 보신 부처님께서는 아난다에게 말씀하셨다. '아난다여, 사랑하는 사람 좋아하는 사람과는 언젠가는 헤어져야 한다고 말하지 않았더냐.' 이윽고 마지막 말씀을 남기셨다. '존재하는 것은 모두가 쓰러져 가는 것이다. 게으름피우지 말고 열심히 정진하여라. 너희들은 너 자신을 등불로 삼고 남을 등불로 삼지 말아라.'"

스승과 제자 간의 너무나도 정감 넘치는 장면입니다. 저는 이 부분만 읽으면 그만 가슴이 '찡' 해 옵니다. **|윤창화|**

코끼리는 불교와 무슨 관계가 있습니까

　부처님 오신 날 제등행렬 할 때 보면 크고 흰 코끼리가 등장합니다. 코끼리 위엔 부처님이 모셔져 있지요.

　코끼리는 불교를 상징하기도 합니다. 불교와 관련이 깊은 동물로는 사자 코끼리 등이 있습니다. 그 중에서 부처님 탄생 이야기와 관련이 있는 코끼리가 우리와 더 친숙합니다. 부처님의 모친이신 마야부인께서 부처님을 잉태하실 적에 크고 흰 코끼리가 품안으로 들어오는 꿈을 꾸신 뒤 부처님을 잉태하셨기 때문입니다.

　뿐만 아니라 코끼리는 동물 중에서도 가장 크고 힘이 세기 때문에 '동물의 왕'으로 불립니다. 감히 대적할 동물이 없지요. 이런 관계로 불교에서는 코끼리를 상서로운 동물로 받아

들이게 되었으며 때로는 부처님을 상징하게까지 된 것입니다. 사자 역시 동물 중에 힘이 가장 세고 그 소리가 우렁차기 때문에 자주 등장하는데 부처님 말씀을 '사자후(獅子吼)'라고 하는 이유도 여기에 있습니다. **|윤창화|**

탁발을 하는 이유는 무엇입니까

불교의 발생지는 인도이지요. 초기 인도불교에서 스님들은 하루 한 끼 오전에만 공양을 했습니다. 그것도 사찰에서 직접 밥을 지어 공양(식사)한 것이 아니라 단체로 마을로 가서 밥을 얻어(乞食) 가지고 와서 공양을 했습니다.

이는 불교뿐만이 아니라 자이나교를 비롯한 기타 인도의 종교 수행자들도 대체로 오전 한 끼, 걸식을 통하여 식생활을 해결했는데, 이처럼 오전으로 한정한 것은 인도의 기후와 관련이 있다고 봅니다.

인도는 오후가 되면 활동하기 어려울 정도로 폭염이 내리쬡니다. 이런 때 걸식을 하기 위하여 돌아다닌다는 것은 차라리 안 먹고 가만히 있는 것만 못합니다. 그래서 오전으로 한정했고 대신 오후엔 수행만 하도록 한 것입니다. 지금도 동남아시아 불교에서는 하루 한 끼 오전 걸식을 하는 곳이 있습니다.

그 후 불교가 중국, 한국 등지로 전파되면서 각 지역의 풍토와 습관에 따라 부득이 하루 세 끼 공양을 하게 되면서 인도처럼 걸식(탁발)에 의한 공양보다는 자체적으로 직접 밥을 지어 공양을 하게 되었고, 신도들 역시 탁발하러 오신 스님께 이미 만들어진 밥 대신에 쌀이나 곡식, 또는 금전 등을 드렸던 것입니다.

탁발(托鉢)은 발우를 가지고 마을에 가서 음식을 얻는 것을 가리키는 말로 '걸식(乞食)' 또는 '두타행(頭陀行)'이라고도 합니다. 두타행이란 의식주에 대한 집착을 떨쳐버리는 수행으로서 청빈한 생활, 무소유의 생활을 뜻합니다. 걸식을 통하여 자신의 아만(我慢: 잘난 체하는 마음, 또는 자존심)을 없애버림과 동시에 보시하는 이의 복덕을 길러주기 위함이지요.

다시 말하면 수행의 한 방법임과 동시에 시주자가 보시를 함으로써 그것이 시주자에겐 공덕이 되게 하기 위해서입니다.

그러나 이러한 취지는 시대의 변천에 따라 '동냥'이라는 인상을 주게 되었고 드디어 한국불교 각 종파에서는 스님들에게 탁발을 금지하기에 이르렀습니다. 간혹 탁발하는 스님이 있긴 하지만 이는 정식 스님이 아니라고 보면 됩니다.

| 윤창화 |

탑塔에 대하여 알고 싶습니다

　부처님께서 80세의 일기로 열반하시자 많은 사리(舍利)가
나왔습니다. 요즘엔 구슬 같은 것을 사리라고 하지만 원래는
화장(다비)한 뒤에 수습한 유골(遺骨)이었습니다.

　당시 인도의 많은 부족들은 부처님의 유골을 서로 봉안하
고자 다투기까지 했고, 서로 안전하게 잘 봉안하기 위해 모
색해 낸 방법이 탑을 세워 그 속에 안치(봉안)하는 것이었습
니다. 이것이 '탑(塔)'을 세우게 된 기원입니다.

　'탑(塔)' '불탑(佛塔)'을 인도말로는 '스투파(Stūpa)'라
고 하는데 원래는 '둥근 모양의 묘'를 말하는 것이었습니다.

　그러나 사리(舍利: 부처님의 유골) 신앙이 발전함에 따라
이 반원형의 묘에 여러 가지 장식이 더해지기 시작했습니다.
이를테면 꼭대기에는 우산 모양의 덮개가 얹혀졌고 가에는

보호용의 난간(울타리)이 설치되기도(인도의 산치탑) 하였습니다. 이런 모습의 탑이 중국으로 전해지면서 중국의 건축 양식과 혼합하여 여러 층의 누각 형태로 발전했습니다.

우리나라에 들어와서는 단순 소박한 3층과 5층의 형태로 간략화됐는데 중국에서는 주로 목탑(木塔)을 세웠고 우리나라에서는 주로 석탑(石塔)을 많이 세웠습니다.

대표적인 우리나라의 석탑에는 다음이 있습니다.

첫째, 익산 미륵사지 5층석탑과 부여 정림사지 5층석탑입니다. 이 두 탑은 단순 소박한 백제 탑의 대표입니다.

둘째, 불국사의 다보탑과 석가탑입니다. 이 두 탑은 섬세하고 유연한 신라 탑의 대표입니다.

셋째, 경복궁 안에 있는 경천사지 10층석탑입니다. 이 탑은 조선시대에 세워진 것으로 다분히 외국풍입니다.

탑은 주로 법당 앞에 세워졌으며 신라시대나 고려시대에는 탑을 돌면서 자신의 소원을 비는 탑돌이 행사가 아주 성행했습니다.

사리가 모셔져 있는 탑은 부처님처럼 생각했기 때문입니다. 이것을 불탑신앙이라고 합니다. 후대에는 사리가 없어도 탑을 조성하여 신앙의 대상으로 삼았습니다. **|석지현|**

탑이나 법당 앞을 지나갈 때 왜 합장을 합니까

스님들은 탑이나 법당 앞을 지나갈 때 꼭 합장을 합니다. 스님뿐만 아니라 불자라면 누구나 할 것 없이 합장을 해야 합니다. 그 이유는 법당에는 부처님이나 보살님이 모셔져 있고 탑에는 대부분 부처님이나 고승들의 사리가 모셔져 있기 때문입니다.

합장(合掌)은 '손바닥을 합친다'는 뜻으로 경의의 표시입니다. 간혹 우리는 편지를 쓰고 나서 맨 끝에 '손 모음' 또는 '두 손 모음'이라고 쓰는 예가 많습니다. 역시 같은 의미이지요. 경의의 표시로서 합장보다 좋은 방법은 없다고 봅니다.

부처님께서 열반하신 후 제자들은 허전한 마음을 달랠 수 없었습니다. 무언가 구심점이 필요했습니다. 제자들은 처음엔 부처님께서 깨달음을 이루었으며, 평소 즐겨 앉아 계시던 보리수 나무와 부처님 사리를 모신 탑에 예배를 하기 시작하였습니다.

수많은 세월이 흘러갔습니다. 이제 부처님의 옛 모습도 점점 기억에서 아물거리기 시작했습니다. 그것은 반대로 부처님에 대한 그리움을 더욱 가중시켰습니다. 그들은 생각했습니다.

'보다 부처님 모습에 가까운 것이 무엇일까.'

이렇게 고민한 결과 부처님 모습을 조각하여 법당에 모시게 되었습니다. 그리곤 아침저녁으로 예배와 기도를 하게 되었습니다.

이것이 후대에 수많은 탑과 불상이 만들어지고 모셔지게 된 동기임과 동시에 탑과 불상이 안치된 곳을 지날 적마다 합장을 하면서 경의를 표하게 된 까닭입니다. **|윤창화|**

탱화에 대하여 알고 싶습니다.

탱화란 부처님과 보살, 제자, 신중(神衆)들의 모습을 그린 한 폭의 그림으로서 교화와 예배의 대상이 되고 있는 불교회화입니다. 마치 부처님과 제자, 보살들이 한 자리에 모여 단체사진을 한 장 찍은 듯한 모습이 바로 탱화입니다. 탱화는 법당에 모셔진 부처님과 보살, 제자, 신중에 따라 그 명칭이 다릅니다.

석가모니 부처님을 주존으로 하는 대웅전의 탱화를 '상단탱화' 또는 '후불탱화' 라고 합니다. 상단탱화에서는 석가모니 부처님을 주불(主佛)로 모시고 왼쪽의 좌보처(左補處: 좌측에서 모시는 이)에는 불교의 지혜를 널리 펴는 문수보살, 오른쪽의 우보처(右補處: 우측에서 모시는 이)는 불교의 실천을 대표하는 보현보살, 그리고 주위에는 부처님의 십대제자를 그린 다음 사천왕을 비롯한 여러 호법신장들이 그려져 있습니다.

극락전의 탱화는 아미타부처님과 보살, 그리고 극락세계의 갖가지 모습을 묘사하고 있기 때문에 아미타극락회상도라고 합니다. 신중탱화는 여러 탱화 가운데 비교적 등장인물이 많은 104분의 신중이 그려져 있는데 이를 '하단탱화' 또는 '신장탱화'라고도 합니다.

나한전(羅漢殿)에는 16나한의 모습을 탱화로 모시고 있습니다. 재미있고 익살스러운 모습을 가진 16나한상이 봉안되어 있는 나한전은 '영산전' '응진전'이라고도 합니다. 명부전에 모셔진 지장탱화는 주존에 지장보살, 좌보처에 도명존자, 우보처에 무독귀왕을 중심으로 하여 중생을 심판하는 시왕(十王)과 장군, 판관과 녹사, 동남동녀를 그리고 있습니다.

탱화는 그림의 재료와 회화방법에 따라 전통채색탱화, 금탱화, 홍탱화, 먹탱화, 담채탱화로 나뉩니다. 원래 한자로 '그림족자 정(幀)'과 '그림 화(畵)'자를 써서 '정화(幀畵)'라고 쓰지만 절에서는 '탱화'라고 읽습니다. ▮일지▮

행자생활은 어렵습니까

　스님이 되기 위한 테스트 과정에 있는 사람을 '행자(行者)'라고 합니다. 행자란 말은 원래 수행자를 가리키는 말이었으나 지금은 스님이 되고자 입산하여 계를 받기 전의 과정에 있는 사람을 지칭하는 말이 되었습니다.

　행자로 절에 들어가서 스님이 되자면 약 6개월에서 1년 정도 시간이 걸립니다. 기간만 채우면 무조건 계를 받고 스님이 되는 것은 아닙니다. 스님이 되자면 행자 기간 동안 각종 예의범절과 염불을 익혀야 하며, 계를 받고 스님이 된 뒤에도 과연 훌륭한 스님으로서 살아갈 만한 자질이 되는지에 대한 공식적인 시험에 합격해야만 스님이 될 수 있습니다.

　근본적으로 절에서 생활해야 하는 행자생활은 사회생활

과는 전혀 다르기 때문에 힘든 것이 사실입니다. 사회에서는 술, 고기, 담배 등을 마음대로 먹고 피우고 마셔도 되지만 절에서는 그럴 수가 없습니다. 사회에서는 늦게 자고 늦게 일어나도 되지만 절에서는 반드시 밤 9시에 자고 새벽 3시에 일어나야 합니다. 게다가 친구는 물론 부모 형제와 떨어져 살아야 합니다. 이런 것을 못 견디어 중도에 포기하고 그만 집으로 돌아가는 사람도 많습니다.

한 마디로 말해 20~30년 가량 사회생활에 익숙해진 모든 사고와 습관을 바꾸어야 할뿐더러 혈기왕성한 젊은 시절을 적요한 산사에서 보낸다는 것은 그 어떠한 대단한 결심이 아니고서는 어려운 것이지요. 마음과 육체 모두의 고통을 참고 견뎌야만 하는 것입니다.

행자과정을 거쳐 스님이 된다는 것이 이처럼 어렵기 때문에 많은 사람들이 스님을 만나면 합장, 공경하는 것이 아니겠습니까(스님이 되는 과정에 대한 상세한 설명은 '스님이 되자면 어떤 과정을 거쳐야 합니까'를 읽어 보십시오). |윤창화|

화두란 어떤 것입니까

깨달음을 얻고자 하는 수행자에게 스승이나 조실스님이 풀어보라고 던져주는 과제, 혹은 문제를 '화두'라고 합니다. 깨달음을 얻는 방법 가운데 하나로서 일심으로 화두를 참구하면 깨닫게 된다는 것입니다.

화두는 모두 약 1,700가지가 있습니다. 그 중에서 유명한 화두는 '무(無)' '간시궐(乾屎橛, 마른 똥 막대기)' '마삼근(麻三斤, 삼세근)' '정전백수자(庭前柏樹子, 뜰앞의 잣나무)' '동산수상행(東山水上行, 동산이 물 위로 간다)' '이뭐꼬' 등 10여 종입니다. 화두는 선문답이나 오도(悟道) 이야기 속의 핵심어입니다.

화두를 참구하여 깨닫는 곳이 선원입니다. 선원에서는 하루 10여 시간 좌선을 하고 앉아서 일심으로 화두를 생각합니다. 화두를 참구할 때는 오직 화두만 생각할 뿐, 다른 생각을 해서는 안 됩니다. 다른 생각을 하면 집중력이 흐트러져서 깨달을 수 없습니다.

화두는 유명한 화두 중에서 본인이 직접 선택하여 참구해도 되고 스승으로부터 받아서 참구해도 됩니다. 가능한 자신이 존경하는 분에게 직접 받아서 참구하는 것이 더 좋습니다. 그 이유는 권위 있는 스승으로부터 받아야 깨달음을 얻을 수 있다는 확신이나 절대성을 갖게 되기 때문입니다. 또한 먼저 화두 참구 방법을 숙지한 뒤에 참구해야만 소기의 목적을 달성할 수가 있습니다.

화두를 가지고 참선 수행하는 것을 간화선이라고 합니다. '간화(看話)'란 '화두를 참구(看)한다'는 뜻입니다. 화두를 통하여 일체의 번뇌망상을 제거하는 것입니다. 화두삼매에 들어서 번뇌망상의 활동을 차단하는 것입니다.

요즘 '화두'라는 말은 일반화되어 있습니다. 특히 정치하는 사람들이 적극 애용하는 바람에 대중적인 언어가 되었습니다. 그 뜻은 대략 '앞으로 해결해야 할 과제' 또는 '관건' 등으로 쓰이고 있습니다. 선에서 쓰는 의미와 크게 다르지 않다고 봅니다. |윤창화|

화장火葬을 하는 이유는 무엇입니까

장례는 각 나라의 문화에 따라 많은 차이가 있습니다. 우리나라는 전통적으로 매장을 하지만 티베트에서는 조장(鳥葬: 시체를 새에게 줌), 인도에서는 화장을 많이 합니다. 화장을 불교용어로는 '다비(茶毘)'라고 합니다. 불교에서 화장을 하는 것은 인도불교 인도문화의 영향이지만 가장 큰 이유는 죽음을 하나의 해탈로 보는 것입니다.

우리의 육체란 수행을 하여 깨달음을 얻기 위한 영혼의 거주처이자 임시로 머물렀다 가는 집으로 생각합니다. 그러므로 이승의 집(몸)을 떠나 새로운 집으로 들어가는 마당에 이르러 굳이 다 허물어지고 낡은 옛 집을 가지고 갈 필요가 없는 것입니다. 화장을 하여 깨끗하게 미련 없이 훌훌 털어 버리고 가는 것입니다.

사람이란 참 이상해서 비록 다 낡아 떨어진 것일망정 두고 가면 미련이 남게 마련입니다. 미련은 결국 애착을 낳고 애착은 이승을 하직하고 새로운 세계, 고통이 없는 세계로 가는 자의 발길을 망설이게 합니다. 이렇게 되면 아무리 좋은 세상으로 가고자 해도 갈 수가 없겠지요. 그래서 이승에서의 괴로움·고통·번민·욕망 등을 모두 버리고 속히 해탈하자는 뜻에서 화장을 하는 것입니다.

일반인들의 화장은 울음소리가 진동하는 화장터에서 하므로 불쌍하고 슬픈 마음이 앞서지만 스님들의 화장은 사찰 주변의 넓은 장소에서 격식을 갖추어 하기 때문에 엄숙하고 웅장하기까지 합니다. 제자들과 신도들은 다비(화장)가 끝날 때까지 염불을 하면서 다비장을 돕습니다.

최근의 발표에 의하면 우리나라도 화장률이 60%라고 합니다. 이유는 매장을 하여 산소를 써 봤자 일 년에 한 번 가기도 힘들고 그것도 자기 당대나 가능하지 후손으로 내려갈수록 불가능하기 때문에 화장을 많이 한다고 합니다. 죽으면 육체는 매장이든 화장이든 결국엔 다 흙이 되어 버립니다.

| 윤창화 |

회심곡은 어떤 노래입니까

"일심으로 정념은 극락세계라 보호호오오 보호오 흥 아미 타로다."

예부터 전해 내려오는 민요풍의 불교 노랫가락으로 회심 곡만큼 널리 알려진 노래도 드물 것입니다. 회심곡은 불교가 사이지만 일반인도 모르는 사람이 없을 정도입니다. 게다가 1970년대 민요 가수들이 다투어 테이프를 내면서 회심곡은 바야흐로 시대의 전성기를 만난 셈입니다.

'회심곡(回心曲: 마음을 돌이킴, 悔心曲: 마음을 뉘우침)'은 '별(別)회심곡'과 함께 조선시대의 고승인 서산대사께서 선행 을 권하고 악행을 응징(勸善懲惡)하기 위하여 지은 것입니다.

석가여래의 공덕과 부모님의 몸을 빌려 이 세상에 태어났다가 부처님을 믿고 착한 일을 많이 하면 극락에 가고, 못된 짓을 많이 하면 지옥으로 떨어진다는 내용을 담고 있는데 선행의 결과보다는 악행의 결과에 더 비중을 두고 있습니다.

이 회심곡은 원래부터 한글로 작사된 노래로서 서민층과 민속간에 베껴 써서 전해지고 또 아리랑처럼 각 지역의 문화에 맞게 변형되어 전해지는 바람에 원작인 서산대사의 회심곡, 별회심곡과 비교해 보면 처음 시작하는 부분과 중간 중간에 가사가 조금씩 다른 경우가 많습니다.

민요 가수의 카랑카랑한 회심곡 가락을 들으면 세상의 모든 것일랑은 끝내 허망하고 쓸데없다는 사실을 더욱더 절감하게 됩니다. 어디 한 번 몇 대목 들어 볼까요.

"세상천지 만물 중에 사람밖에 또 있는가. (……) 검은 머리 백발되고 곱던 얼굴 주름잡혀 아니먹든 귀는 절벽되니 이 아니 원통한가. 자손들은 나를 보고 망령이라 하는 소리 애달프고 절통하다. 여보시오 청춘들아 너희들은 본래 청춘이며 낸들 본래 백발이냐 백발보고 웃지마라(……) 나무아미로다."

회한, 그리고 독설. 인생이 허망한 것이라고는 하지만 진정 이토록 허탄한 것인지. **┃윤창화┃**

그 밖에 꼭 알아야 할 간단한 불교용어

● ● ●

가

| **가람**(伽藍) | 사찰의 건물을 가람이라고 합니다. 또는 한 사찰 전체를 가람이라고 표현하기도 합니다.

| **가부좌**(跏趺坐) | 절에서 스님들이 주로 참선을 할 적에 앉는자세를 가부좌라고 합니다. 두 다리를 X 표시처럼 교차시켜서 앉는 자세인데 먼저 오른쪽 발을 왼쪽 허벅지 위에 놓은 다음 왼쪽 발을 오른쪽 허벅지 위에 올려 놓습니다. 손은 왼손 등을 오른손 바닥 위에 겹친 채로 배꼽 밑에 놓습니다. 이렇게 앉으면 좌우나 앞뒤로 쉽게 넘어가지 않습니다. 이것을 결가부좌(結跏趺坐)라고도 합니다. 또 오른쪽 다리 한쪽만 왼쪽 무릎 위로 올리는 것을 반가부좌(半跏趺坐)라고 합니다.

| **공양주**(供養主) | 절에서 밥 짓는 소임을 맡고 있는 행자나 스님을 말합니다.

| **교육원**(敎育院) | 스님들의 교육을 담당하는 중앙기관입니다. 이곳의 최고 어른스님을 교육원장이라고 합니다.

나

| **노**(老)**스님** | 스승의 스승, 즉 세속으로 따지면 할아버지뻘이 되는 스님을 '노스님(老師, 師祖)'이라고 부릅니다. 때론 나이 드신 스님을 '노스님'이라고 부르는 경우도 있습니다. 이 때는 연로하신 스님에 대한 존칭입니다.

다

| **대중공사**(大衆公事) | 여러 사람이 모여 공적(公的)으로 중요한 일을 논의하는 것을 말합니다. 절에서는 중요한 일이 있으면 산내 또는 절에 거주하는 스님들이 모두 모여 논의, 결정합니다.

| **대중공양**(大衆供養) | 많은 분들(스님)이 함께 공양하는 것, 또는 많은 분들께 음식을 제공하는 것을 말합니다.

| **도**(道) | 진리의 대명사로 쓰입니다. 그러므로 '도를 깨치

다' 는 말은 '진리를 깨닫다' 는 말로서 '부처님처럼 되었다 (成佛)' 는 말과 같은 의미입니다.

| **도량**(道場) | 사찰의 울타리 안을 가리키는 말입니다. 불교에서는 '장(場)' 자를 '량' 으로 발음합니다.

| **도반**(道伴) | 도(道), 즉 불법을 같이 닦는 '반려자(벗)' 라는 뜻인데 '친구' 라는 말과 같습니다. 스님들 간에 쓰는 말입니다.

| **동참**(同參) | 어떤 일에 같이 참여한다는 뜻입니다. 불교 용어로 원래는 한 스승 밑에서 같이 참여하여 수학하는 것을 가리키는 말인데 지금은 일반에서도 많이 씁니다.

| **득도**(得度) | 원래는 '깨달음을 얻었다' 는 뜻인데, 제도적으로는 출가하여 스님이 되는 것을 '득도' 라고 합니다. 동음이자(同音異字)의 '득도(得道)' 는 도를 깨치다, 도를 얻다는 뜻입니다.

바

| **바랑** | 발낭(鉢囊)이 원래 말입니다. 스님들의 공양기(供養器)인 발우를 넣어서 가지고 다니는 주머니라는 뜻으로 발

우만 넣는 것이 아니라 개인의 모든 소지품은 다 넣어 가지고 다닙니다. 걸망(乞網)과 같습니다. 말하자면 요즘의 배낭입니다.

|범부(凡夫)| '보통 사람'이라는 뜻인데, 번뇌에 얽매여서 생사를 초월하지 못하는 우리 중생을 낮추어서 부르는 호칭입니다.

|범어(梵語)| 고대 인도의 언어로서 '산스크리트어'라고도 합니다.

|법(法)| 크게는 두 가지 뜻이 있습니다. 첫째는 진리의 대명사로 쓰입니다. 둘째는 존재하는 모든 것, 즉 동물·식물·나무·돌 등 모든 사물을 말합니다. 그 외에도 부처님의 가르침이나 경전 등을 가리킵니다.

|법공양(法供養)| 부처님의 가르침을 펴거나 경전 또는 좋은 불교서적을 무상으로 나누어 주는 것을 말합니다. 책 뒤에 '법공양(판)' 또는 '법보시(판)'라고 쓰기도 합니다.

|법랍(法臘), 승랍(僧臘)| 스님이 된 햇수를 세는 말입니다. 랍(臘)은 나이를 뜻합니다. 법랍 20년은 스님이 된 지 20년이 되었다는 말입니다.

| **법륜**(法輪) | 수레바퀴처럼 부처님 가르침(法)을 굴려서 영원히 단절되지 않게 한다는 뜻입니다. 이 법륜은 불교를 상징하는 마크로도 많이 씁니다.

| **법명**(法名) | 불교에 귀의한 사람에게 주는 이름. 스님은 계(사미계, 10계)를 받을 때 스승으로부터 받고, 신도들은 5계를 받을 때 또는 불교에 귀의할 때 스님으로부터 받습니다.

| **법문**(法門) | '진리로 인도하는 문'이라는 뜻에서 스님들의 가르침을 '법문'이라고 합니다.

| **법보**(法寶) | 불(佛: 부처님) · 법(法: 부처님의 가르침) · 승(僧: 스님)의 삼보(三寶) 가운데 하나로 부처님 말씀을 기록한 경전을 '법보'라고 합니다.

| **법복**(法服) | 평상시에 입는 승복이 아니라 부처님 앞에 예불할 때, 기도할 때 입는 스님들의 예복으로 '가사'와 '장삼'을 말합니다. 장삼은 중국 · 한국 · 일본에만 있습니다.

| **법사**(法師) | 불법의 스승. 부처님 가르침을 전(설)하는 스님이나 일반인으로서 불교를 공부하여 불법을 전할 만한 자격이 있는 사람을 가리킵니다.

| **법어**(法語) | 부처님의 바른 가르침(正法)을 설하는 말 또

는 바른 도리로 규범이 되게 하는 말입니다. 법회 때나 동안 거 하안거 때 큰스님(또는 방장, 조실스님)의 설법을 '법어'라고 합니다.

| **법어집**(法語集) | 큰스님 말씀이 담긴 책을 말합니다.

| **보리**(菩提) | 산스크리트어 보디(Bodhi)의 중국 발음으로 '깨달음' 즉 진리의 대명사로 쓰입니다. 진리나 깨달음을 구하는 마음을 보리심(菩提心)이라고 합니다. 한자 '리(提)'의 원발음은 '제'인데 불교에서는 '리'라고 발음합니다. 옛 중국 오나라의 발음(吳音)이라고 합니다.

| **보살행**(菩薩行) | '보살의 행동' '보살이 가야할 길'이라는 뜻으로 자비행을 뜻합니다. 즉 관세음보살이나 보현보살과 같이 깨달음을 구하면서 한편으로는 중생제도(남을 위하는 마음)에 더 역점을 두고 살아가는 삶을 보살행이라고 합니다.

| **부목**(負木) | '나무를 지다'는 뜻으로 절에서 땔감으로 쓸 나무 즉 화목(火木)을 하는 사람을 말합니다. 지금은 절에서도 보일러를 쓰기 때문에 부목을 두고 있는 절이 많지 않습니다.

| **불법**(佛法) | 부처님 가르침, 불교의 진리를 가리키는 말입니다. 여기서 '법'이란 '올바른 진리' '올바른 가르침'이라는 의미를 담고 있습니다.

| **불자**(佛子, 佛者) | 부처님의 가르침을 따르는 사람, 불교를 믿는 사람(스님, 신도 모두 포함)은 모두 불자입니다. 어떤 한자가 맞을까요. 불자(佛子)는 불제자(佛弟子, 부처님의 제자)라는 뜻이고, 불자(佛者)는 '불교를 믿는 신자'라는 뜻이므로 용어만 다를 뿐 다 맞습니다.

사

| **사경**(寫經) | 《화엄경》이나《법화경》등 경전을 직접 손으로 쓰는 것을 말합니다. 경전을 직접 씀으로 인하여 얻어지는 공덕은 무한하다고 하여 불교에서는 각 사찰마다 사경을 많이 합니다.

| **사대**(四大) | 지(地: 흙) · 수(水: 물) · 화(火: 불) · 풍(風: 바람). 이 우주와 우리의 육체를 구성하고 있는 기본 요소. 이 육체 가운데 지(地)는 살과 뼈에, 수(水)는 수분에, 화(火)는 체온에, 그리고 풍(風)은 호흡에 해당합니다.

| **사숙**(師叔) | 스승의 형제 간을 사숙이라고 부르는데 세속으로 따지면 아저씨뻘(叔行)이 됩니다. 조카뻘에 대한 별도의 호칭은 없고 부득이 밝혀야 할 경우는 그냥 '조카뻘'이 된다고 말합니다.

| **사형**(師兄) | 같은 스승(은사)의 제자로서 자기보다 먼저 계를 받은 이(스님)를 '사형(師兄, 舍兄)' 또는 '법형(法兄)'이라고 하고 자기보다 나중에 계를 받은 이를 '사제(舍弟)'라고 합니다. 세속으로 따지면 형제 간인 셈입니다.

| **삼보**(三寶) | 부처님(佛)과 부처님의 가르침(法) 그리고 승단(僧)을 세 가지 보배(三寶)라고 합니다. 말하자면 불교에서 가장 존중하는 대상이라는 뜻입니다.

| **삼보사찰**(三寶寺刹) | 부처님 진신사리가 모셔져 있는 경남 양산 통도사를 불보(佛寶)사찰이라 하고, 팔만대장경이 모셔져 있는 경남 합천 해인사를 법보(法寶)사찰이라 하며, 고승을 많이 배출한 전남 순천 송광사를 승보(僧寶)사찰이라고 합니다.

| **상**(上)**노스님** | 촌수로 증조 할아버지뻘 되는 스님입니다. 한자로는 '대사조(大師祖)'라고 하고 우리말로는 '노노스님'

이라고도 합니다.

| **상좌**(上佐) | '윗사람을 보좌한다' '어른을 보좌한다'는 뜻으로 제자를 가리키는 말입니다. '상자(上資)'라고도 하는데 뜻은 같습니다. '자리 좌(座)'자의 상좌(上座)도 있으나 이는 상당한 존칭으로서 제자 개념의 상좌와는 전혀 다른 용어입니다.

| **석가모니 부처님의 이칭** |

주로 많이 쓰는 말들은 석가여래(釋迦如來) · 석가세존(釋迦世尊) · 석존(釋尊) · 세존(世尊) · 붓다(Buddha) · 불(佛) · 불타(佛陀) · 여래(如來) · 고타마 붓다 · 고타마 싯다르타(세속의 성과 이름) · 싯달타(세속명). 여래는 때로는 석가모니 부처님뿐만 아니라 다른 부처님을 부르는 칭호로도 쓰입니다.

| **선방**(禪房) | 선원(禪院), 즉 참선을 주로 하는 곳을 말합니다.

| **선지식**(善知識) | 스승, 선각자를 말합니다.

| **설법**(說法) | '불법을 설하다'는 뜻인데 불교의 가르침을 전하는 것을 말합니다. 설교와 같은 뜻입니다.

| **성불**(成佛) | '부처를 이루다'는 뜻입니다. 즉 깨달음을

얻어서 부처님처럼 된 것을 말합니다.

| **수좌**(首座) | 선원(선방)의 수석 직책으로 남의 모범이 되는 스님을 부르는 호칭입니다. 총림에서는 방장스님이 유고 시에는 수좌가 모든 역할을 대신할 정도로 높은 직책입니다. 그러나 요즘은 선방에 다니면서 참선을 주로 하는 젊은 스님을 가리키는 말이 되었습니다.

| **시달림** | 갓 죽은 사람을 위하여 염불을 하거나 또는 설법하는 불교의식을 말합니다. 원래는 시다림(尸茶林, 屍陀林)인데 발음이 와전된 것입니다. 시다림은 인도 마가다국 북문 밖에 있는 숲 이름으로 죽은 사람의 시체를 버리는 곳이었습니다.

| **시자**(侍者), **시봉**(侍奉) | '모시는 자' '받들어 모신다'는 뜻으로 방장스님이나 조실스님 등 어른스님을 모시며 수발하는 젊은 스님이나 행자를 지칭하는 말입니다.

| **시주**(施主) | '보시하는 주인'이라는 뜻인데 때론 그 의미가 약간 변하여 '보시(희사)하십시오'를 '시주하십시오'라고도 합니다. 보시(희사)하는 물건을 '시주물(物)'이라고 합니다.

아

| **역경**(譯經) | 부처님 말씀이 기록된 원문 경전을 자기 나라 말로 번역하는 것을 역경이라고 합니다.

| **영가천도**(靈駕薦度) | 죽은 사람(영가)의 영혼을 비는 것(천도). 즉 좋은 곳에 태어나도록 부처님께 공양을 올려 기도하는 것을 말합니다. 죽은 이를 위하여 부처님께 공양을 올리고 보시(희사)를 통하여 영가가 극락세계에 태어나도록 하는 불교의식입니다.

| **원로회의**(元老會議) | 원로원과 같은 곳인데 이곳에서 종정스님을 선출합니다. 이곳의 행정적 최고 어른스님을 원로회의 의장이라고 합니다.

| **은사**(恩師) | 자기의 스승을 '은사스님' 또는 그냥 '스님'이라고 부르는데 한자로는 '사승(師僧)'이라고 씁니다.

| **입산**(入山) | 스님이 되고자 절로 들어오는 것을 말합니다. 사찰이 대부분 산 속에 있기 때문입니다.

자

| **장좌불와**(長坐不臥) | '오래도록 앉아서 눕지 않는다' 는

뜻인데, 짧게는 1주일 길게는 몇 달씩 잠자지 않고 앉아서 공부(참선)하는 것을 말합니다.

| **정근**(精勤) | '열심히 공부한다'는 뜻인데 부처님이나 관세음보살을 부르면서 기도하는 것을 말합니다.

| **종단**(宗團) | 한 종교 또는 한 종파의 단체입니다.

| **종무소**(宗務所) | 사찰의 행정적인 일을 비롯하여 각종 공적인 일을 보는 사찰의 사무실(소)을 말합니다.

| **종무원**(宗務員) | 사찰에 근무하는 일반인을 종무원이라고 합니다.

| **종회**(宗會) | 입법부로서 국회와 같습니다. 종회의원은 국회의원, 종회의장은 국회의장과 같습니다.

| **좌선**(坐禪), **참선**(參禪) | 좌선은 앉은 자세로 참선하는 것이고, 참선은 화두를 들고 참구(탐구)하는 것을 말합니다. 거의 비슷한 말입니다.

| **주장자**(柱杖子) | 스님들이 좌선할 때나 설법할 때 또는 걸어다닐 때에 짚는 지팡이. 하지만 지팡이라는 개념보다는 큰스님의 상징물 또는 설법할 때 '진리의 상징물'로 많이 쓰입니다.

| **죽비**(竹篦) | 불교에서 쓰는 법구(法具)로 우리나라에서는 이것을 쳐서 참선의 시작과 마침을 알리는 신호로 씁니다. 공양할 때도 죽비를 쳐서 시작과 마침의 신호로 씁니다.

| **진언**(眞言) | '진실한 언어' '참말' 이라는 뜻인데, 예컨대 "정구업진언 수리수리 마하수리 수수리 사바하"에서 "정구업진언"은 진언의 이름이고 "수리수리 마하수리 수수리 사바하"는 진언입니다. "옴 마니 반메 훔"도 진언입니다. 이것을 다른 말로 '다라니' 라고도 합니다. 자세한 설명은 '다라니란 무슨 뜻입니까' 를 읽어보십시오.

차

| **채공**(菜供) | 절에서 반찬을 만드는 소임(책임)을 맡고 있는 이를 말합니다.

| **천수물** | 공양 후 발우를 씻은 물을 '천수물(千手~)' 이라고 하고, 그 물을 받는 통을 '천수통(千手桶)' 이라고 합니다. 왜 발우를 씻은 물을 천수물이라고 하는지 알 수 없습니다. 그 물을 항상 배고픔에 허덕이는 아귀가 받아먹는다고 하는데, 그렇다면 천만 가지로 변하여 모든 아귀들이 먹고 고통을 면하라는 뜻에서 천수물이라고 한 것이 아닐까 생각됩니다.

| **총무원**(總務院) | 불교 행정부의 최고 기관으로서 주지임명 등 전국 사찰의 행정업무를 총괄하는 곳입니다. 이곳의 최고 어른스님을 총무원장이라고 합니다.

| **출가**(出家) | 스님이 되고자 집을 나오는 것을 말합니다. 입산과 동의어입니다. 세속에서는 처녀가 결혼하는 것을 '출가했다'고 하지요. 똑 같은 말인데 쓰는 의미는 좀 다릅니다.

타

| **토굴**(土窟) | 원래는 '땅을 파서 굴처럼 만들어 사람이 살 수 있게 한 집'이라는 뜻인데, 두세 명 정도 살 수 있는 작은 암자나 '혼자 살면서 수행하는 허름한 집'을 말합니다.

파

| **포교당**(布敎堂) | '불교의 가르침을 펴는 곳'이라는 뜻인데 주로 산 속이 아닌 도시에 있는 절을 '포교당' 또는 '포교원'이라고 합니다.

| **포교사**(布敎師) | 불교의 가르침을 펴는 스님이나 일반인을 말합니다.

하

| **하복대야, 상복대야** | 하복대야는 하복부 이하를 씻을 때 사용하는 대야이고 상복대야는 상복부를 씻는 대야입니다. 절에서는 이 두 대야를 절대 혼용하여 쓰지 않습니다. 즉 발 씻는 하복대야로 세수를 하지 않습니다.

| **합장**(合掌) | '손바닥을 합한다'는 뜻으로 '공경' '경의'의 표시입니다. 불교에서는 인사할 때 머리만 굽히는 것이 아니라 두 손까지 모아서 더욱더 존중한다는 뜻을 표합니다. 그런데 형식은 조금 달라도 기독교나 천주교에서도 기도할 때 손을 모으지요. 또 일반인들도 편지 끝에 '두 손 모음' 또는 '손 모음'이라고 쓰는데 같은 의미입니다.

| **해우소**(解憂所) | 화장실을 절에서는 '해우소'라고 합니다. '근심을 풀어 준다'는 뜻인데 참 재미있는 말이지요.

| **행전**(行纏) | 걸어다닐 적이나 일할 적에 편리하도록 하기 위하여 한복 바지 밑 정강이 부분을 싸매는 물건. 스님들이 많이 하고 일반에도 있습니다.

| **화주**(化主) | 교화주(敎化主)의 준말로서, '세상을 교화하는 주인(부처님)'이라는 뜻이었으나, 지금은 신도들로 하여

금 불교와 인연을 맺게 하는 동시에 사찰의 각종 불사(절을 짓거나 기타 재정이 소요되는 일)에 시주를 하도록 권하는 스님이나 신도를 가리키는 말이 되었습니다. 특히 '화주보살'이라고 하여 여성 신도들이 많이 활동합니다.

| **환속**(還俗) | '속세로 돌아가다' '속세로 돌아오다'는 뜻으로 스님으로 있다가 다시 나와서 세속인이 되는 것을 말합니다. 퇴속(退俗: 속세로 물러감)과 같은 말입니다.

| **회향**(廻向, 回向) | '자신이 쌓은 선행과 공덕(잘한 일)을 되돌려서 자신과 남이 함께 깨달음을 이룩하는 데로 지향시키는 것을 가리키는 말로, 변하여 '어떤 일을 잘 마무리한다'는 의미로 씁니다. 백일기도를 마칠 적에 '회향한다'고 하지요.

|윤창화|

왕초보, 불교 박사 되다

초판 1쇄 발행 │ 2002년 1월 15일
초판 8쇄 발행 │ 2006년 2월 26일
개정판 1쇄 발행 │ 2008년 5월 27일
개정판 6쇄 발행 │ 2018년 4월 20일

글쓴이 │ 석지현 · 윤창화 · 일지
펴낸이 │ 윤재승
펴낸곳 │ 민족사

주간 │ 사기순
기획편집팀 │ 사기순, 최윤영
영업관리팀 │ 김세정

등록 │ 1980년 5월 9일(등록 제1-149호)
주소 │ 서울시 종로구 삼봉로 81 두산위브파빌리온 1131호
전화 │ 02)732-2403~4
팩스 │ 02)739-7565
E-mail │ minjoksabook@naver.com
홈페이지 │ www.minjoksa.org

※글쓴이와 협의하에 인지는 생략합니다.
※잘못된 책은 바꾸어 드립니다.

※값은 책 뒷면에 있습니다.

ISBN 978-89-7009-422-9 03220